Melanie
Mühl

Mitfühlen

Über eine
wichtige
Fähigkeit in
unruhigen
Zeiten

Carl Hanser Verlag

1. Auflage 2018

ISBN 978-3-446-26023-8

Umschlag: Anzinger und Rasp, München
Motiv: © Wuukasch, Zürich
Satz: Satz für Satz, Wangen im Allgäu
Druck und Bindung: CPI books GmbH, Leck
Printed in Germany

FSC
www.fsc.org
MIX
Papier aus verantwortungsvollen Quellen
FSC® C083411

Für Luise

Eine Freundin begegnet jeden Abend auf dem Weg von der Arbeit nach Hause einem Bettler. Ein junger Mann, der im Sommer wie im Winter einen blauen Kapuzenpulli trägt und stets an derselben niedrigen Mauer kauert. Die Beine angezogen, den Blick gesenkt, vor ihm ein Pappbecher. Manchmal wirft sie ein paar Münzen in den Becher, selten spricht sie mit dem Mann. Im Dezember, der erste Schnee war gefallen, brachte sie ihm eine Decke. Oft aber, an zermürbenden Tagen, wenn sie melancholisch ist, möchte sie den Bettler nicht sehen. Dann biegt sie eine Straße früher ab. Manchmal fragt sie sich, ob ihre Empathie jemals echt ist, wenn sie sie nach Lust und Laune dosieren kann. Aber tut das nicht jeder? Auf dem schmalen Grat zu balancieren zwischen dem, was man fühlt, und dem, was man tut?

Im vergangenen Sommer erreichte die politische Demonstration von Unmenschlichkeit einen neuen Höhepunkt: An der Grenze zu Mexiko ließen amerikanische Behörden Familien, die illegal einzureisen versuchten, brutal auseinanderreißen. Kinder wurden von ihren Eltern getrennt. Die Bilder verzweifelt weinender Mädchen und Jungen lösten weltweit Entsetzen aus. Die Botschaft der öffentlich zelebrierten Grausamkeit: Bleibt uns bloß vom Leib, sonst nehmen wir euch eure Kinder weg.

Die wahre Tragödie Griechenlands verstand ich vor einigen Jahren beim Fernsehen. Es war nicht der erste Beitrag über die verheerenden Folgen der Finanzkrise, den ich sah, aber dieses Mal war etwas anders. Interviewt wurde ein alter Mann mit hellen Augen. Auf seinem Gesicht, das sich kaum regte, lag eine Traurigkeit, die mir die Kehle zuschnürte. Er hatte alles verloren, was einem Menschen Würde verleiht: Sein Bankkonto war gesperrt worden, seine Rente eingefroren, für die tägliche Ration Bargeld musste er sich stundenlang anstellen. Ich beschloss, nach Griechenland zu fliegen und über die Krise des Landes und das Elend der Menschen als Journalistin zu berichten. Warum ausgerechnet nach diesem Beitrag? Weil mich der Mann an meinen verstorbenen Großvater erinnerte? Weil er so einsam aussah? Ging es um ihn oder um mich? Kann man das überhaupt trennen?

Am 19. Dezember 2016 erschütterte ein islamistischer Terroranschlag das Land. Das Attentat auf den Berliner Breitscheidplatz kostete zwölf Menschen das Leben, mehr als siebzig wurden verletzt, viele von ihnen schwer. In der Zeit nach dem Terrorattentat war sehr viel über den Täter zu lesen und so gut wie nichts über die Opfer. Während in Italien der Staatspräsident einem getöteten Landsmann die letzte Ehre erwies und der polnische Staatspräsident vor dem Sarg des erschossenen Lkw-Fahrers niederkniete, schickte Angela Merkel nicht einmal ein Kondolenzschreiben. Es dauerte fast zwölf Monate, bis die Kanzlerin die Hinterbliebenen traf. Kurz vor der Begegnung sagte sie: »Ich weiß, dass einige sich ein solches Treffen früher gewünscht hätten.« Warum es nicht früher stattfand, sagte sie nicht. Mit dem Jahrestag kam zudem das ganze Ausmaß des Behördenversagens ans Licht. Die menschliche Kälte, die hierzulande Hinterbliebene ertragen mussten, ist skandalös. Wie anders soll man es nennen, dass Hinterbliebene am Tag nach dem Anschlag nicht am Gedenkgottesdienst teilnehmen konnten, weil sie noch keine Todesnachricht erhalten hatten und in Krankenhäusern verzweifelt nach Eltern, Kindern, Geschwistern suchten? Dass eine Tochter die Zahnbürste ihrer Mutter, die zu einem DNA-Abgleich benötigt worden war, zurückgeschickt bekam, ohne auch nur ein Wort der Anteilnahme: »Mit dem Ende der polizeilichen Ermittlungen möchten wir die Gegenstände Ihrer Angehörigen zurücksenden und bedanken uns höflichst für Ihre Mitarbeit.« Oder dass die Charité Rechnungen für die Leichenschau verschickt: 51 Euro, zahlbar innerhalb von dreißig Tagen.

Wie ist das möglich? Wie sehr muss jemand die bürokratischen Abläufe verinnerlicht haben, dass selbst der letzte Funke Mitgefühl stirbt? Oder ist der Dienst nach Vorschrift in so einem Fall schlicht die hilflose Antwort auf unsere unübersichtliche Gesellschaftsstruktur, weil Empathie immer ein Gesicht braucht, in das man blickt?

Es gibt ein Gedicht des englischen Lyrikers John Donne, in dem ein Satz steht, der viel mit Mitgefühl zu tun hat: »Niemand ist eine Insel«. Das ist ein inzwischen zwar redensartig gewordener Gedanke, der aber trotzdem schön ist, weil er uns über die Absurdität des Daseins hinwegtröstet, indem er auf die Verbundenheit des Einzelnen mit dem Schicksal aller Menschen verweist.

Einerseits. Andererseits kann man Donnes Du-bist-nicht-allein-Botschaft auch als Ermahnung verstehen: Wer sich als »ein Teil eines Ganzen« begreift und daraus ein Gefühl des Aufgehobenseins zieht, geht gleichzeitig eine Art moralische Verpflichtung ein: Die anderen dürfen ihm nicht egal sein. Aber was genau bedeutet das? Und ist das am Ende nicht zu viel verlangt?

Um all diese Fragen soll es in diesem Buch gehen. Denn ganz offensichtlich steht es um die Empathie, die seit der Entdeckung der Spiegelneuronen oft irrtümlich als eine Art Selbstläufer gilt, um den man sich nicht groß kümmern muss, im alltäglichen Miteinander nicht sonderlich gut. Von Mitgefühl und echter Anteilnahme ganz zu schweigen. Das gesellschaftliche Klima wird kälter, der Ton aggressiver. Der Populismus blüht. Antisemitismus und Islamfeindlichkeit erstarken. Die Hemmschwelle sinkt. Im Netz tobt ein Shitstorm nach dem nächsten, und der schiere Hass vieler Kommentare verschlägt einem die Sprache. Man wundert sich, wie irrsinnig schnell manche Leute wegen Lächerlichkeiten auf hundertachtzig sind, besonders im Straßenverkehr. Neulich rastete ein Fahrradfahrer völlig aus, nur weil ein Auto den Radweg gestreift hatte. An der nächsten Ampel, wo Autofahrer und Radfahrer erneut aufeinandertrafen, schlug der Radfahrer mit der Faust auf die Motorhaube des Autos, als habe er seine ganze Frustration in diesen einen Hieb gesteckt.

Und erst die Angst vor Überfremdung. Sie grassiert gerade dort, wo es mit dem Fremden kaum Berührung gibt. Ängste vor Ausländern, Migranten, Geflüchteten vermischen sich mit Ängsten vor der Globalisierung, dem Abgehängtwerden und dem sozialen Abstieg durch eine sich immer weiter öffnende Schere zwischen Arm und Reich. Dieses Gefühl des Kontrollverlusts, die Furcht, das eigene Leben könnte einem entgleiten, erstickt jedes Mitgefühl im Keim. Und schafft einen idealen Nährboden für Ressentiments.

Würden diese Ängste nur irgendwelche Spinner umtreiben, alles wäre halb so dramatisch. Aber es sind längst Menschen vom Angstvirus und dem Gefühl der Machtlosigkeit infiziert, die man für tolerant, weltoffen und vernünftig gehalten hatte. Für die man die Hand ins Feuer gelegt hätte und die plötzlich erschreckend radikale Ansichten vertreten.

Vielen mag das Land lange Zeit wie im Halbschlaf erschienen sein, das nur kurz erwachte und sofort wieder einnickte, doch dieses Gefühl war ein Trugschluss.

Die Zeiten sind friedlich, aber die Ängste sind groß.

Der Niedergang des Mitgefühls, die soziale Verrohung, der unversöhnliche, polemische Ton, der uns in der Öffentlichkeit entgegenschlägt, betrifft uns alle, und es hilft zu versuchen, diese Entwicklung ein bisschen besser zu verstehen. Denn das, was gerade geschieht, sagt uns viel über das Wesen unserer kollektiven Mentalität, darüber, was es heute heißt, ein Mensch zu sein.

Mit dem Mitgefühl verhält es sich ja ähnlich wie mit dem Anstand, über den Axel Hacke in seinem Bestseller *Über den Anstand in schwierigen Zeiten und die Frage, wie wir miteinander umgehen* schreibt: »Über das Anständigsein habe ich, ehrlich gesagt, nie besonders nachgedacht, es war mir immer etwas selbstverständlich Gutes.« Jetzt aber stünden grundsätzliche Regeln menschlichen Anstands zur Disposition. Die des Mitgefühls tun es auch. Genau genommen kann es ohne Mitgefühl gar keinen Anstand geben.

Anders formuliert: Mitgefühl ist die Grundlage einer gelingenden sozialen Kultur. Sie ist das Bindemittel. Ohne Mitgefühl kein Miteinander. Die Globalisierung, sagt die Neurowissenschaftlerin Tania Singer, habe vorgelegt, jetzt müsse unser Bewusstsein folgen. Wir müssten den Blick weg vom »Ich« und hin aufs »Wir« richten. Das ist kein sonntagsrednerischer, pathetischer Appell: Die am Max-Planck-Institut Leipzig forschende Tania Singer ist überzeugt, dass das möglich ist. Mitgefühl, das hat sie in einem weltweit einzigartigen Projekt bewiesen, lässt sich wie einen Muskel trainieren, doch dazu später mehr. »So bin ich eben« gilt demnach nicht. Zur Kaltherzigkeit, dazu, seinen Mitmenschen gegenüber ein Wolf zu sein, ist niemand verdammt – auch wenn diese sozialdarwinistische Theorie jahrhundertelang Anhänger gefunden hat.

Der Ruf nach mehr Empathie wäre selbstredend naiv. Aber es ist an der Zeit, sich Gedanken darüber zu machen, was Empathie, was Mitgefühl eigentlich ist und was wir selbst tun können, um den tiefen Riss, der durch die Gesellschaft geht, zumindest ein bisschen zu kitten. Im Alltag vor allem, in der Art und Weise, wie wir miteinander umgehen, wie wir in Sekundenschnelle Urteile fällen und uns von unbewussten Vorurteilen leiten lassen. Wann packt die Empathie unser Herz? Wann fühlen wir mit? Wann helfen wir, und wann verschließen wir uns? Wie gelingt es, den anderen im Anderssein besser anzuerkennen und in ihm zuallererst den Menschen zu sehen?

Zunächst einmal handelt es sich bei Empathie und Mitgefühl ja um diffuse Begriffe, die oft in einem Atemzug genannt werden, die aber nicht miteinander identisch sind. Jedenfalls dann nicht, wenn man unter Empathie mehr als das bloße Einfühlungsvermögen in andere Menschen versteht. Mehr als eine kurze, blauäugige Betroffenheit beim Blick auf Fotos von Flüchtlingskindern. Gibt man sich der Empathie nämlich nur passiv hin, läuft man stets Gefahr, im Moment der Rührung zu verharren, oder, angesichts des geballten Unglücks dieser Welt, in empathischen Stress zu geraten, sich Augen und Ohren zuzuhalten, bis zur Erschöpfung auszubrennen. Damit ist niemandem geholfen. Der Mitfühlende aber reagiert anders. Er will handeln. Paul Bloom, kanadischer Wissenschaftler und Autor, formuliert es so: »Empathie heißt, ich fühle das, was ein anderer Mensch fühlt. Mitgefühl bedeutet: Ich kümmere mich um den anderen, ich sorge für ihn.« Beim Mitgefühl trifft Herz auf Verstand. Dieses Zusammenspiel ist entscheidend.

Wer sich mit dem Empathie-Begriff auseinandersetzt, stellt fest, dass er eine Übersetzung des englischen Wortes *empathy* ist, das wiederum selbst auf eine Übersetzung zurückgeht: den Begriff der »Einfühlung«, der um 1900 in Philosophie, Ästhetik und Psychologie ziemlich populär war. Unauflöslich verbunden ist die Empathiegeschichte mit dem deutschen Philosophen und Psychologen Theodor Lipps (1851 bis 1914). Lipps, der Empathie als Instinkt bezeichnete, habe, so der Verhaltensforscher Frans de Waal, als Erster erkannt, dass wir einen sehr speziellen Draht zu anderen Menschen haben. »Wir können nicht fühlen, was außerhalb von uns vorgeht, doch durch die unbewusste Verschmelzung von Selbst und anderem klingen die Erfahrungen des anderen in uns nach.« Lipps glaubte nicht, dass sich eine solche Identifikation auf irgendwelche anderen Fähigkeiten wie Lernen, Assoziation oder Denken zurückführen ließ. Dass Einfühlung beziehungsweise Mitgefühl allerdings auch für den längst in Vergessenheit geratenen Lipps nicht ganz ohne kognitive Leistung vonstattengeht, zeigt der Titel seines 1907 verfassten Aufsatzes »Das Wissen von fremden Ichen«.

Gerade heute, in Zeiten der emotionalen Ignoranz, kognitiven Kühle und des Optimierungswahns, der die eigenen Befindlichkeiten und Wünsche in den absoluten Mittelpunkt stellt, ist Lipps Theorie vom »Nachklingen« fremder Erfahrungen im eigenen Bewusstsein hoch aufregend.

Was bedeutet es, eine Gesellschaft zu sein, zusammenzugehören, sich respektvoll auseinanderzusetzen und auch Meinungen auszuhalten, die einem nicht passen, ohne das Gesagte sofort zu skandalisieren und den anderen moralisch zu verurteilen? Die neue, durch ein eigenes Ministerium befeuerte Sehnsucht nach dem alten Begriff »Heimat«, der unproblematischer, unbelasteter anmutet als »Volk« oder »Nation«, zeugt von einer in die Krise geratenen sozialen Identität. Das zwingt uns zu der Frage: Wer sind wir, wer gehört zu uns, mit wem wollen wir solidarisch sein – und wie kann zwischenmenschliche Nähe bewahrt werden?

Die bisweilen naive Empathie-Obsession unserer Zeit kann man nicht verstehen, ohne einen Blick in die Neunzigerjahre zu werfen. Für die Empathie-Forschung eine bahnbrechende Zeit, in der die Spiegelneuronen entdeckt wurden. Beteiligt war daran eine Gruppe Wissenschaftler unter der Leitung des italienischen Neurophysiologen Giacomo Rizzolatti an der Universität Parma. Die Sensation beruhte auf einem Zufall. Eigentlich wollten die Wissenschaftler erforschen, was im Gehirn von Makaken passiert, wenn sie nach Futter greifen. Einer der Forscher bekam während der Versuchsanordnung allerdings selber Hunger, weshalb er, beobachtet von einem Makaken, zu einer Erdnuss griff. Genau in diesem Augenblick knatterte der Messapparat. Die Wissenschaftler waren perplex, handelte es sich doch exakt um jenes an ein Maschinengewehr erinnernde Geräusch, das bislang ertönt war, wenn der Affe nach den Nüssen gegriffen hatte. Jetzt feuerten einige Nervenzellen in seinem prämotorischen Kortex allein deshalb, weil er die zielgerichtete Bewegung des Mannes beobachtete. Der Affe spiegelte das Verhalten des Menschen. »Die Besonderheit dieser Neuronen besteht darin, dass sie nicht zwischen ›Affe sieht‹ und ›Affe tut‹ unterscheiden«, schreibt Frans de Waal in seinem Buch *Das Prinzip Empathie*. »Sie heben die Grenze zwischen selbst und anderem auf und liefern erste Hinweise darauf, wie das Gehirn einem Organismus hilft, die Emotionen und Verhaltensweisen um ihn her widerzuspiegeln.« Ein bisschen wie in dem alten Pink-Floyd-Song, in dem es um den Augenkontakt zwischen Menschen geht: »I am you and what I see is me«.

Mit der Geburt der Spiegelneuronen schien das Rätsel der Empathie entschlüsselt. Felsenfest überzeugt, endlich die biologische Voraussetzung für Mitgefühl zu kennen, die es erst ermöglicht, sich in andere Menschen hineinzuversetzen, schaukelten Wissenschaftler und Medien einander in einem rhetorischen Überbietungswettkampf hoch. Nichts, wofür die Spiegelneuronen nicht herhalten mussten. Moral. Aggressivität. Ekel. Schmerz. Genuss, ja sogar Sprache. Spiegelneuronen würden »für die Psychologie leisten, was die DNA für die Biologie getan hat«, behauptete der Hirnforscher V.S. Ramachandran, einer der euphorischsten Verfechter des Konzepts. Und: Es handele sich um »Dalai-Lama-Neuronen, welche die Grenze zwischen dir und deinem Gegenüber auflösen«. Bücher, die den vermeintlich magischen Zellen huldigten, trugen vielversprechende Titel wie *Warum ich fühle, was du fühlst* oder *Die empathische Zivilisation*.

Der bloße Verweis auf deren zwischenmenschliche Kraft mag bei vielen nach wie vor ein Raunen auslösen, doch die besten Tage der Nervenzellen sind vorbei. In den vergangenen Jahren verschafften sich immer mehr kritische Stimmen lautstark Gehör. Wissenschaftliche Studien, die sich dem Gegenstand erneut näherten, bewiesen: Das Konzept steht auf zerbrechlichen Füßen. Der Neurolinguist Gregory Hickok brachte in seinem 2014 erschienenen Buch *The Myth of Mirror Neurons: The Real Neuroscience of Communication and Cognition* die »größte Spekulationsblase der Psychologiegeschichte« zum Platzen. Er dekonstruierte den Mythos der Spiegelneuronen. Einfühlung, so Hickok, sei auch ohne Nachahmung möglich. »Der Mensch ist nicht sozial, weil er dank Spiegelneuronen imitieren kann. Er imitiert, weil er sozial ist.« Anders formuliert: Die Funktion der Spiegelneuronen beschränkt sich offenbar im Wesentlichen auf die Auswahl und Vorbereitung situationsadäquater Handlungen. Ihre Rolle für das Verstehen von sozialem Verhalten ist lediglich nebensächlich. Spiegelneuronen sind keine Wunderzellen, sondern nicht mehr als ein Rädchen in einem sehr großen Getriebe aus neuronalen Netzwerken mit Spiegel- oder Resonanzeigenschaften. Dazu gehört auch das Theory-of-Mind-Netzwerk, das anspringt, wenn wir die Perspektive wechseln und die Gedankengänge anderer nachvollziehen. Kinder zeigen diese Fähigkeit im Alter von etwa drei Jahren. Ein bekannter Versuch ist der Keksdosentest. Ein Kind sitzt am Tisch und beobachtet vorfreudig, wie ein Erwachsener eine Keksdose öffnet – doch statt Kekse sind in der Dose Buntstifte. Daraufhin wird der kleine Proband gefragt: »Was erwartet das draußen wartende Kind, wenn es gleich hereinkommt, wohl in der Dose?« Lautet seine Antwort »Kekse!«, hat es den Test bestanden.

Was dabei genau an welchem Ort im Gehirn passiert, ist selbst für versierteste Neurowissenschaftler unklar. Der Leitsatz, dass die Erklärung des Universums ein Leichtes sei gegenüber der Beschreibung der Geheimnisse des Gehirns, trifft die Sachlage ganz gut.

Nur mal ein Beispiel: Wir sind im Kino, und auf der Leinwand zertrümmert ein finsterer Kerl seinem Opfer mit einem Baseballschläger den Schädel – instinktiv gucken wir weg, halten uns entsetzt die Hände vor die Augen oder krümmen uns. Das ist der normale Impuls. In unserem Gehirn passiert dabei Folgendes: Obwohl wir unversehrt im Kinosessel sitzen, feuern Teile unserer Schmerzmatrix – freilich andere als beim Opfer, das den Schmerz ja real spürt (wäre es ein echtes Opfer).

Eine Ausnahme bilden Psychopathen. Legt man sie in einen Kernspintomografen und zeigt ihnen grausame Folterbilder, lässt sie das völlig kalt. In ihrem Gehirn regt sich nichts. Psychopathen, erklärte der Hirnforscher Gerhard Roth einmal, betrachteten diese Brutalität mit der Haltung: ›Das ist aber interessant‹.

~~~

Regelmäßig hört und liest man in den Nachrichten allerdings von Gaffern, die nicht weggucken, sondern hemmungslos schlimmste Unfälle filmen, anstatt zu helfen. Es kommt sogar vor, dass jemand auf sein Auto-
~~~

dach klettert, um eine optimale Sicht auf die Unglücksstelle zu haben. Andere behindern die Rettungskräfte bei ihrer Arbeit. Seit es technisch möglich ist, alles, was um einen herum geschieht, zu fotografieren oder filmisch festzuhalten und später aufmerksamkeitsheischend ins Netz zu stellen, scheint das Gaffen allein nicht mehr zu reichen. Bei einem Lkw-Unfall auf der A3, über den viele Medien berichteten, waren drei Menschen ums Leben gekommen. Nicht nur der Unfallort, selbst der Abtransport der Toten in Leichenwagen wurde eifrig gefilmt. Das Gaffer-Problem war so groß, dass die Rettungskräfte der Feuerwehr vorbeifahrende Autos mit Wasser bespritzen mussten.

Gefilmt wurde auch der Todeskampf eines Motorradfahrers auf der A8. Dessen Maschine war ins Schlingern geraten und wurde gegen die Leitplanke geschleudert. Während Ersthelfer vergeblich versuchten, den schwer verletzten Mann wiederzubeleben, filmte ein Schaulustiger mit seinem Smartphone das Geschehen. Der Leiter der Günzburger Autobahnpolizei, der an jenem Tag im September Dienst hatte, sagte später: »Der Mann, der die Aufnahmen gemacht hat, hätte fragen können, ob die Polizei schon verständigt ist. Er hätte eine Decke besorgen, für den Notarzt Platz schaffen oder Teile des zerstörten Motorrades wegräumen können.« Der Filmende tat nichts davon. Den Neugierigen, den Schaulustigen, der fasziniert ist vom plötzlichen Einbruch der Katastrophe in seinen öden Alltag, hat es schon immer gegeben. »Aber die Leute waren nicht so sensationssüchtig wie heute, wo man mit dem Smartphone seine Trophäen sammelt.«

Trophäen, die vielleicht sogar Bares in die eigene Kasse spülen. Ein Fahrradfahrer wurde gerade von einem Kleinlaster gerammt? Ein Zug ist entgleist? Es brennt? Smartphone rausholen, fotografieren, filmen, einsenden und auf eine Belohnung hoffen: So lautet das Konzept der Leser-Reporter. Ein Nebenjob, heißt es im Netz, den Sie quasi im Vorübergehen ausüben. Und der der emotionalen Abstumpfung Vorschub leistet, möchte man anfügen.

Inzwischen werden Sanitäter, Notärzte oder Feuerwehrleute, die andere Menschen retten, nicht selten attackiert. In einem Artikel der *F.A.Z. Woche* mit der Überschrift »Helfer in Not«, erzählt ein Feuerwehrbeamter, der schon lange im Geschäft ist, vom Ausmaß der Widerwärtigkeit. Als er vor fünfzehn Jahren zur Feuerwehr gegangen sei, sei Gewalt kein Thema gewesen. »Es gab damals zwar auch Pöbeleien, aber das waren dann für gewöhnlich Stadtstreicher. Darauf konnte man sich einstellen und damit umgehen.« Heute ist das anders. Heute berichten Helfende immer wieder von einer Zunahme der Gewaltbereitschaft, davon, dass sie beschimpft, bespuckt, angegriffen werden. Heimtückische Übergriffe, für die es keine einfache Erklärung gibt.

In Frankfurt hatte die Besatzung eines Rettungswagens nach dem Einsatz mal einen Zettel an der Windschutzscheibe. Der Verfasser beschwerte sich, dass die Zufahrt zur Tiefgarage blockiert war. In Berlin rastete ein Mann aus, als er zugeparkt war. Als man ihm sagte, dass gerade ein Kind um sein Leben kämpfe, antwortete er: »Mir doch egal, wer hier gerade reanimiert wird.«

Markus Röck von der Frankfurter Feuerwehr sagt, er hat »das Gefühl, dass wir es mit einer gesellschaftlichen Werteverschiebung zu tun haben. Das hat etwas mit Anstand und Erziehung zu tun.« An all diesen Vorfällen zeigt sich die Einstellung des Einzelnen gegenüber den Mitmenschen, weil Rettungsdienste bei ihrer Arbeit »mit vielen Dingen konfrontiert sind, bevor sie zu einem Massenphänomen werden.«

Diese beunruhigende Entwicklung lässt sich auch durch Zahlen belegen. Die Kriminologin Janina Dressler hat mehr als 1600 Rettungskräfte in Berlin, Hamburg, München und Köln befragt. Jeder Dritte wurde während seines Einsatzes schon mal getreten oder geschlagen. In Berlin, Hamburg und Köln sagte jeder Zweite, dass er schon einmal mit einer Waffe bedroht worden sei. Und: Mehr als neunzig Prozent wurden bereits beleidigt, bespuckt und beschimpft.

Das alles bedeutet nicht, dass Gaffer oder ignorante Rüpel unbedingt gefühlskalte Egoisten ohne jegliches Einfühlungsvermögen sind. Ihre Sensationslust und ihre Rücksichtslosigkeit haben in diesem Moment nur jedes Mitgefühl ausgelöscht. Nicht mehr, aber auch nicht weniger. Die Frage ist immer: Wie weit reicht unsere Empathie?

Für wen wir in der Regel viel Empathie empfinden, versteht sich von selbst: für Menschen, die uns nahestehen, Eltern, Geschwister, Freunde, Bekannte. Außerdem für Menschen, die uns ähnlich sind, was Alter, sozialer Status, Beruf, ethische Merkmale, kultureller Hintergrund und Religion betrifft. Man kann den Ähnlichkeitsradius immer weiter einschränken, nach *Breaking Bad*-Fans, leidenschaftlichen Gärtnern, Gottfried-Benn-Enthusiasten, Veganern, Schachspielern und so fort.

Wer genügend Ähnlichkeitsmerkmale auf sich vereint, bei wem man sich vielleicht sogar vorstellen könnte, mit ihm befreundet oder zumindest näher bekannt zu sein, zählt zur sogenannten Eigengruppe, der gegenüber jene Menschen der Fremdgruppe stehen, die wenig mit uns gemeinsam haben. Geflüchtete, Pegidisten, Muslime, Obdachlose, Sinti und Roma, Langzeitarbeitslose, Drogenabhängige und so weiter. Wir sind Spezialisten im Ausgrenzen anderer. Bewusst und unbewusst. Der Mensch dämonisiere Menschen anderer Nationalitäten oder Religionen, erzeuge Ängste und Wut, schreibt de Waal. Doch Identifikation sei eine so fundamentale Vorbedingung für Empathie, dass sogar Mäuse Schmerzansteckung nur bei Käfiggefährten zeigten. Auf die Frage eines Journalisten, wie er die Gesellschaft ändern würde, antwortete de Waal: »Wenn ich könnte, würde ich die Reichweite des Einfühlungsvermögens vergrößern.« Allerdings beweisen tragische Ereignisse in fernen Weltwinkeln immer wieder, dass wir unser Mitgefühl urplötzlich völlig Fremden schenken können. Ein Unglück, dass die Mechanismen der Aufmerksamkeitsökonomie lehrbuchhaft vorführte, geschah im vergangenen Juli. In einer thailändischen, irrsinnig verwinkelten Höhle saß eine Fußballmannschaft fest: Zwölf Jungs und ihr Trainer. Eingeschlossen in der Dunkelheit. Lebendig begraben. Abgeschnitten von ihren Liebsten. Gebannt blickte die Welt auf die Schicksalsgemeinschaft und die dramatische, medial ausgeschlachtete Rettungsaktion, die per Live-Ticker dokumentiert wurde. Die Katastrophe als Event mit perfektem Plot – und Happy End. Gleichzeitig ereigneten sich auf der ganzen Welt Unglücksfälle, die uns nicht in dieser Weise mitfühlen ließen. Da fiel es uns leichter, Mitgefühl zu verweigern. Mitgefühl lässt sich eben gerade nicht verordnen. Auch nicht, indem man das eine Unglück gegen das andere ausspielt.

Zurück zum Alltag. Was das Leben im Kleinen betrifft, zeigte ein Experiment am Baby Lab der Universität Yale, dass bereits bei Kleinkindern scheinbar unwichtige Unterschiede eine große Rolle spielen. Die jungen Probanden sollten zwischen zwei verschiedenen Sorten Frühstücksflocken wählen: Cheerios und Crackern. Dieselbe Wahl sollten im nächsten Schritt zwei Handpuppen treffen. Die eine Handpuppe entschied sich für Cheerios, die andere für die Cracker. Welche der beiden Handpuppen bevorzugten die Kinder? Acht von zehn Kindern entschieden sich für jene Handpuppe, die dieselbe Wahl wie sie getroffen hatte. »Babys«, so die Leiter des Labors Paul Bloom und Karen Wynn, »mögen Individuen, die ihnen gleichen, die ihren Geschmack teilen.« Etliche Beispiele aus sozialpsychologischen Experimenten und der echten Welt zeigen, wie winzigste Unterschiede Leute dazu bringen, in Wir-Sie-Kategorien zu denken.

In seinem Buch *Gewalt und Mitgefühl* erzählt der amerikanische Hirnforscher und Primatologe Robert Sapolsky, der mehr als ein Jahrzehnt lang in Afrika Paviane erforscht hat, eine hübsche Anekdote über die Dreharbeiten zum Film *Planet der Affen*: Obwohl nicht der geringste Grund bestand, dass sich die Darsteller der Schimpansen und der Gorillas während der Drehpausen fein säuberlich separierten, taten sie es: Sie aßen in getrennten Gruppen. Allein die Rolle und das Kostüm reichten aus, das Wir-und-die-Anderen-Denken zu aktivieren. Nicht umsonst, so Sapolsky, hieße es: »›Es gibt zwei Arten von Menschen auf der Welt – diejenigen, die die Welt in zwei Arten von Menschen unterteilen, und diejenigen, die es nicht tun.‹ Die erste Sorte ist in der Überzahl.«

Es gibt einen Essay von Hans Magnus Enzensberger über globale Migrationsbewegungen, Fremdenfeindlichkeit und Abschottungsbemühungen aus dem Jahr 1994, den man heute unbedingt wieder zur Hand nehmen sollte, weil das Geschriebene erschreckend und verblüffend aktuell ist. Der Text heißt *Die große Wanderung. 33 Markierungen.* Gleich auf der ersten Seite steht: »Der normale Zustand der Atmosphäre ist die Turbulenz. Das Gleiche gilt für die Besiedlung der Erde durch den Menschen.« Ein erheblicher Teil der Menschheit war stets in Bewegung, auf der Wanderung oder auf der Flucht, eine ständige Zirkulation, ein chaotischer Prozess. Diese Feststellung mag unspektakulär daherkommen, sie wird aber – das führt uns die hitzige Diskussion über die Flüchtlingspolitik der Bundesregierung täglich vor Augen – im Angesicht diffuser, aufgebauschter Ängste gern verdrängt.

Das Chaos, der Aufbruch, die »große Wanderung« sind ebenso anthropologische Konstanten wie Fremdenhass und Gruppenegoismus.

Uralt ist übrigens auch der Satz »Das Boot ist voll«, der die Situation quasi auf den Kopf stellt: »Offenbar wähnen viele Westeuropäer, daß sie sich in Lebensgefahr befinden. Sie vergleichen ihre Lage mit der von Schiffbrüchigen. Es sind die Eingesessenen, die sich vorstellen, sie wären boat people auf der Flucht«. Gefühl schlägt Fakten. Dazu passt, dass der Begriff »Asyl«, der ja Zufluchtsort für Verfolgte bedeutet und bereits bei Enzensberger »zum diskriminierenden, negativen Kampfbegriff« wurde, seine zynische Zuspitzung im Wort »Asyltourismus« gefunden hat. Das klingt, als buchten die Schutzsuchenden in ihrer von Krieg und Armut gebeutelten Heimat eine Pauschalreise nach Europa. Und, nicht zu vergessen, auch die Furcht, Deutschland schaffe sich ab, sterbe aus, vergreise, ist ein alter

Hut. Panik verursachte schon damals die Vorstellung, »es könnten auf ein und demselben Territorium gleichzeitig zu viele und zu wenige Menschen existieren«. Enzensberger schlug dafür den Begriff »demographische Bulimie« vor.

Das Elektrisierende an Enzensbergers Essay aber ist noch etwas anderes: wie er sich wieder und wieder die Natur des Menschen vornimmt. Wie er tief verankerte Ängste, Vorurteile und Verhaltensmuster an alltäglichen, im Grunde banalen Begebenheiten illustriert. Zum Beispiel eine Zugfahrt: In Enzensbergers Geschichte öffnet sich die Tür zum Abteil, zwei weitere Passagiere treten ein. Bei denen, die sich bereits ausgebreitet haben, macht sich ein Widerwille bemerkbar, »zusammenzurücken, die freien Plätze zu räumen, den Stauraum über den Sitzen zu teilen«. Interessant ist, wie sich die ursprünglichen Fahrgäste verhalten: »eigentümlich solidarisch«. Sie, die eben noch einander Fremde waren, treten nun als Gruppe auf. Kommen zwei weitere Fahrgäste hinzu, wiederholt sich die Szene.

Dieses Wir-Sie-Denken, das Einordnen in Schubladen ist etwas zutiefst Menschliches und hilft uns beim Navigieren durch den komplexen Alltag. Es schafft Ordnung und schont unsere kognitiven Kapazitäten. »Wenn Sie einen Menschen in einen Gehirnscanner stecken und ihm in kaum wahrnehmbarer Geschwindigkeit Bilder von Menschen mit einer anderen Hautfarbe zeigen, wird jener Teil des Gehirns, der für Angst, Bedrohung und Aggression zuständig ist, aktiv«, sagt Sapolsky. In Stein gemeißelt sei diese Reaktion glücklicherweise nicht, sondern überwindbar. Menschen, die in einem multikulturellen Umfeld aufgewachsen seien, reagierten anders. Ist die gezeigte Person ein Bekannter, natürlich auch. »In unserem Hirn ist nichts unausweichlich. Noch interessanter: Wenn Sie die Studie wiederholen, und die gezeigten Menschen tragen eine Baseballmütze ihres liebsten Sportteams, dann spielt die Hautfarbe überhaupt keine Rolle mehr.«

Was die Ähnlichkeiten betrifft, suchen wir geradezu danach und blicken zuversichtlich auf unser Empathievermögen, weil wir immer irgendwo dazugehören möchten – ganz ungeachtet der Tatsache, dass sich das Repertoire von Wahrnehmungsformen, Assoziationen und Erfahrungen von Mensch zu Mensch unterscheidet. Das mag banal sein, doch betrachtet man solche vermeintlichen Banalitäten, das heißt die Codes im Umgang miteinander, genauer, zeigt sich, wie stark die Neigung ist, von sich auf andere zu schließen. Jeder Mensch sähe die Welt durch verschieden gefärbte Brillen, schreibt Kleist in einem berühmten Brief während seiner »Kant-Krise« an seine Verlobte Wilhelmine von Zenge. »Wenn alle Menschen statt der Augen grüne Gläser hätten, so würden sie urtheilen müssen, die Gegenstände, die sie dadurch erblicken, sind grün – und nie würden sie entscheiden können, ob ihr Auge ihnen die Dinge zeigt, wie sie sind, oder ob es nicht etwas zu ihnen hinzuthut, was nicht ihnen, sondern dem Auge gehört.« Dennoch schreibt er ihr in der Hoffnung, dass sie ihn verstehe. Hätten wir keine optimistische Sicht auf unsere Gabe des Mitfühlens, auf die Vorstellung, den anderen kognitiv oder emotional zumindest ein bisschen verstehen zu können, trotz der verschieden gefärbten Brillen, wir wären seelische Einsiedler.

Einerseits verleitet Ähnlichkeit zur Überschätzung von Ähnlichkeiten. Andererseits »haben die meisten Menschen mit ein bisschen Fantasie kaum ein Problem damit, sich auch in verschlossene Wahrnehmungswelten wie die einer Fledermaus einzufühlen«, schreibt Fritz Breithaupt in seinem Buch *Kulturen der Empathie*. Jedenfalls legten das die von seiner ältesten Tochter geliebten Abenteuerromane von Kenneth Oppel nahe, deren Helden Fledermäuse sind. Das Schicksal unserer fiktiven Helden rührt uns eben manchmal zu Tränen.

Anstelle der Fledermäuse könnten also genauso gut Einhörner stehen oder der großartige Elefant Horton. »Auch wenn diese Einfühlungen weitgehend fehlgeleitete Projektionen sind, die falsch von mir auf den anderen schließen, finden sie statt. Der andere wird aufgeschlossen und mir angeähnelt.« Anscheinend besäßen wir die Fähigkeit, uns unbegrenzt in alles einfühlen zu können, um es auf uns vertraute Schemata zu beziehen und dadurch imaginäre Brücken zwischen uns und den anderen zu errichten, ohne das tatsächlich Unähnliche als Unähnliches mitdenken zu müssen, so Breithaupt.

Zur Fledermaus-Einfühlungsthematik hat der Philosoph Thomas Nagel einen Aufsatz mit dem Titel *What is it like to be a Bat?* geschrieben, in dem es um Wahrnehmungsformen, Bewusstsein und Erfahrungen geht – sowie um die Erkenntnis, dass »akkurate Empathie«, wie Breithaupt es nennt, stets eine Illusion ist. In Nagels Aufsatz heißt es: »Unsere eigene Erfahrung liefert die grundlegenden Bestandteile für unsere Phantasie, deren Spielraum deswegen beschränkt ist. Es wird nicht helfen, sich vorzustellen, dass man Flughäute an den Armen hätte, die einen befähigten, bei Einbruch der Dunkelheit und im Morgengrauen herumzufliegen, während man mit dem Mund Insekten finge; dass man ein schwaches Sehvermögen hätte und die Umwelt mit einem System reflektierter akustischer Signale aus Hochfrequenzbereichen wahrnähme; und dass man den Tag an den Füßen nach unten hängend in einer Dachkammer verbrächte. Insoweit ich mir dies vorstellen kann (was nicht sehr weit ist), sagt es mir nur, wie es für mich wäre, mich so zu verhalten, wie sich eine Fledermaus verhält. Das aber ist nicht die Frage. Ich möchte wissen, wie es für eine Fledermaus ist, eine Fledermaus zu sein.«

Nur sind wir eben keine Fledermäuse.

Bleiben wir kurz bei den Tieren. Empathiefähigkeit ist ja keine exklusiv menschliche Fähigkeit, auch manche Tiere verhalten sich empathisch. Ratten, die gelernt haben, ihre eingesperrten Artgenossen mit Betätigung eines Hebels zu befreien, halfen selbst dann, wenn ihnen ein Stück Schokolade durch die Lappen ging. Handelte es sich bei den Gefangenen indes um Spielzeugratten, scherte sie deren Schicksal nicht.

Ohne Intelligenz stoßen komplexere Formen der Empathie jedoch schnell an ihre Grenzen. De Waal beschreibt in seinem Buch, wie sich Makakenjunge hilfesuchend an die Mutter wenden, was diese jedoch überhaupt nicht interessiert, zumindest reagiert sie nicht. De Waal erklärt das so: »Das ist – anders als beim Psychopathen – ein kognitives Defizit. Die Makakenmutter begreift ebenso wenig wie eine Mäuse- oder eine Katzenmutter die Situation ihrer Kinder. Sie reagiert auf emotionale Signale. Sie regt sich auf, wenn ihre Kinder sich aufregen. Aber sie verstehen nicht die Situation, in der ihre Kinder sich befinden. Menschenaffen, Elefanten, Delfine und Menschen zum Beispiel haben die Fähigkeit, nicht nur auf die Emotionen des anderen zu reagieren. Sie können dessen Lage, dessen objektive Situation begreifen. Menschenaffen zum Beispiel sind fähig zur gezielten Hilfe.«

~~~

Noch mal zurück zum Wir-und-die-Anderen, das sich zu einem Wir-und-der-Feind zuspitzen kann und für eine Gesellschaft gefährlich ist, weil es das offensichtlich Trennende in den Mittelpunkt stellt und nicht das oft verborgen Verbindende. Die Frage, die beim Mitgefühl für »Fremdgruppenmitglieder« auch mitschwingt, ist die, ob man es sich gerade leisten will oder kann oder ob man nicht viel zu sehr mit sich selbst und dem vollen Terminkalender beschäftigt ist und ohnehin keinen Kopf für fremde Nöte hat. Außerdem verlangt es der moderne großstädtische Alltag, dass wir das Fremde fremd sein lassen. Wir steigen ganz selbstverständlich in eine voll besetzte U-Bahn oder in ein Flugzeug ein, in dem jeder Einzelne für uns ein Fremder ist. Wir zwängen uns durch enge Supermarktregale vorbei an Fremden, trainieren in Fitnessstudios und sitzen in Restaurants – unter Fremden. Dieser alltäglichen Fremdheitserfahrung werden wir Herr, indem wir unser Blickfeld verengen, typisieren und die Menschen einordnen.
~~~

Das fängt bei dem uns unbekannten Brötchenverkäufer an und hört bei der uns in gewisser Weise doppelt fremden Burka-Trägerin auf, die wir weder kennen, noch deren Gesicht wir sehen.

»Anders als beim Eigenen«, sagt der Soziologe Armin Nassehi, sei es viel einfacher, zum Beispiel »Flüchtlingen und Migranten ein Narrativ abzuluchsen, weil sie der personifizierte Unterschied sind, weil ihre Andersheit selbst das Narrativ darstellt«. Das wäre an sich kein Problem – nur wird diese Andersheit oft als bedrohlich wahrgenommen.

Dass wir unser Mitgefühl dosieren und uns abgrenzen können, ist natürlich gut und wichtig, so schützen wir uns, ansonsten würden wir andauernd vom Leid anderer überwältigt. Viele Menschen in Pflegeberufen, in helfenden Berufen überhaupt, können ein trauriges Lied davon singen, wie es ist, irgendwann angesichts der ständigen Konfrontation mit dem Unglück zu verzweifeln.

Ein Psychiater erzählte mir einmal von einem seiner Patienten. Ein Mexikaner, Chirurg, groß, breitschultrig und jene Sorte Mensch, die man »Macher« nennt. Doch der kleine Sohn des Mannes war an Krebs erkrankt. Er starb ihm unter den Händen weg. Nichts, was er dagegen tun konnte. Das trieb ihn in die Verzweiflung. Jedes Mal, wenn der Mann seine Praxis betrat, wäre er am liebsten heulend rausgerannt, sagt der Psychiater. Aber er musste ihm ja helfen. Und das tat er, indem er sich in einem gesunden Maß vom Unglück seines Patienten distanzierte.

Jörg Sartor ist auch einer, der hilft. Einer von zahllosen Menschen in diesem Land, die kein Aufhebens um ihr Engagement veranstalten, weil es für sie etwas Selbstverständliches ist, für andere, glücklosere Menschen da zu sein. Jörg Sartor ist dennoch über Nacht zu einer Berühmtheit geworden. Der Vereinsvorsitzende der Essener Tafel fällte im Februar 2017 eine folgenreiche Entscheidung, deren Ausmaß er sicherlich nicht abschätzen konnte. Nachdem der Andrang auf die Tafel so groß geworden war, dass ein Verteilungskampf entbrannte, in dessen Verlauf sich besonders junge männliche Migranten älteren Frauen und alleinerziehenden

Müttern gegenüber respektlos und insgesamt roh verhielten, entschloss sich Jörg Sartor, eine Zeit lang neue Kundenkarten nur noch an Bedürftige mit einem deutschen Pass zu verteilen. Der Shitstorm war gewaltig. Im Internet kursierten Hasstiraden, Beschimpfungen, Boykott- und Blockadeaufrufe. Man kennt diesen erschütternd empathielosen und besserwisserischen, ja hetzerischen Ton inzwischen leider nur zu gut.

Mit Jörg Sartor traf es ausgerechnet jemanden, der seit mehr als zehn Jahren ehrenamtlich Essen an Obdachlose, Migranten, Alte, Kinder, Sozialhilfeempfänger verteilt, an Menschen, die kaum wissen, wie sie sich von ihrem wenigen Geld ernähren sollen. Jetzt wurde er als Rassist und Nazi beschimpft. Der Berliner Staatssekretärin Sawsan Chebli (SPD) lief es, wie sie twitterte, »eiskalt den Rücken herunter. Essen nur für Deutsche. Migranten ausgeschlossen.« Das war bei einer Quote von 75 Prozent Migranten als Kunden der Essener Tafel ein kenntnisloser, man muss es so sagen: dämlicher Tweet. Die Fernsehmoderatorin Dunja Hayali agierte genauso hysterisch. Sie fand es »nicht besonders schlau, am unteren Ende unserer Gesellschaft ›Hunger Games‹ zu veranstalten und Deutsche gegen Ausländer auszuspielen. Also Menschen gegen Menschen«. »Hunger Games«, ein Begriff aus der Science-Fiction-Welt der *Tribute von Panem*, bezeichnet dort im Fernsehen ausgetragene grausame Gladiatorenkämpfe. Am Ende überlebt nur einer. Selbst die Kanzlerin tadelte Herrn Sartor und bewertete dessen Entscheidung als »nicht gut«, ohne sich allerdings, wie all die anderen Schlaumeier, vorher ein realistisches Bild der Lage in Essen gemacht zu haben. Und Karl Lauterbach twitterte: »Der Ausländerhass« sei jetzt »sogar bei den Ärmsten angekommen«. Nun gehörte eben jener twitternde Karl Lauterbach im Bundestag einer Regierungsmehrheit an, die, wie es Sahra Wagenknecht formulierte, nicht verhindert hat, dass nun die Armen die Lasten der Zuwanderung tragen. Es war nicht Jörg Sartor, der Hartz IV erfunden oder dafür gesorgt hat, dass die Mieten besonders in Großstädten wegen der Wohnungsnot derart gestiegen sind, dass selbst Normalverdiener verdrängt werden, von sozial Schwachen ganz zu schweigen.

Es ist ohnehin eine Schande, dass es in einem reichen Land wie Deutschland, dessen Wirtschaft brummt, überhaupt Tafeln braucht. Das Magazin *Cicero* hat dazu ein paar Zahlen zusammengetragen: Mehr als neunhundert Tafeln mit etwa 2100 Ausgabestellen gibt es hierzulande. »Mit 60 000 ehrenamtlichen Helfern werden wöchentlich bis zu 1,5 Millionen Bedürftige mit dem versorgt, was vor allem in Groß- und Supermärkten liegen geblieben ist.« Ende 2016 waren knapp ein Viertel der Nutzer Kinder und Jugendliche, ein weiteres Viertel Rentner. Der Rest – also rund die Hälfte – seien Erwachsene im erwerbsfähigen Alter, davon wiederum fast zur Hälfte alleinerziehende Mütter.

Dass ausgerechnet der Streit um einen Ort, an dem täglich Mitgefühl bewiesen wird, derart aus dem Ruder gelaufen ist, dass am Ende neben den knappen Ressourcen auch das Mitgefühl neu verteilt wurde, ist paradox. Wer davon am meisten profitiert hat, kann man sich leicht ausmalen. Über den Verteilungskampf zwischen angestammten Armen und zugewanderten Armen sagte Christiane Florin im »Deutschlandfunk« treffend: »Aus der rechten Perspektive ist die Essener Mittagstafel so etwas wie die Kölner Silvesternacht, bloß ohne Sex.«

Der Streit um die Essener Tafel hat viel Vertrauen zerstört – und wenn das passiert, reagiert auch unser Gehirn. Es wäre also, nachdem die Debatte um die Nahrungsmittelverteilungspolitik der Essener langsam abgeflaut war, interessant gewesen zu messen, wie sich das Mitgefühl jener, die direkt oder indirekt daran beteiligt waren, verändert hatte. Mit anderen Worten: Wer schenkte noch wem sein Mitgefühl, und wer hat es wem entzogen? Wie viel Empathie mag der an den öffentlichen Pranger gestellte Jörg Sartor, der nach eigener Aussage sein ganzes Leben lang die SPD gewählt hat, heute noch für die SPD aufbringen? Oder: Wie ist es um das Mitgefühl einer alleinerziehenden Mutter für Zugewanderte bestellt, die sich im Verteilungskampf um einen Laib Brot von Migranten verdrängt gefühlt hat? Oder nehmen wir einen normalen Zeitungsleser: Wie groß wird dessen Offenheit nach den drastischen Schlagzeilen noch sein gegenüber Menschen, die hilfesuchend zu uns kommen? Höchstwahrscheinlich würde man feststellen, dass das Mitgefühl auf allen Seiten dramatisch gesunken ist.

Die Erklärung? »Empathie braucht immer einen Nährboden aus Sicherheit und Vertrauen«, sagt die in Würzburg lehrende Neuropsychologin Grit Hein. Wer Angst hat, zu kurz zu kommen, sei es nun bei der Vergabe von Nahrungsmitteln oder billigem Wohnraum, der wird sich keine Empathie, geschweige denn, Mitgefühl leisten können oder wollen, der wird vermutlich angsterfüllt auf alles Unvertraute blicken, sich in sein Eigengruppendenken zurückziehen und Mauern hochziehen.

Grit Hein war federführend an einer in Zürich durchgeführten Studie beteiligt, die herausfinden wollte, ob positive Erfahrungen mit Fremden die Empathie erhöhen können und wie viele von diesen positiven Erfahrungen für einen nachweisbaren Effekt tatsächlich benötigt werden. Den nach Herkunft in »Eigengruppe« und »Fremdgruppe« aufgeteilten Probanden wurden schmerzhafte Reize an der Hand zugefügt. Sie machten allerdings nach und nach die Erfahrung, dass jemand aus der eigenen oder aus der Fremdgruppe Geld bezahlte, um ihnen den Schmerz zu ersparen. Die Fremdgruppe setzte sich, das ist wichtig zu wissen, aus Menschen vom Balkan zusammen, gegen die die Schweizer

Weltwoche damals mit einem diffamierenden Titelbild entsetzlich hetzte.

Zu Beginn der Studie zeigten die im Kernspintomografen liegenden Probanden schwächere Aktivitäten in dem mit Empathie assoziierten Hirnareal, wenn einem Fremdgruppenmitglied Schmerzen zugefügt wurden. Empathischer reagierten sie bei den eigenen Leuten. Doch schon nach wenigen guten Erfahrungen mit einer Person der Fremdgruppe wendete sich das Blatt.

Überraschend war, dass positive Erfahrungen auch neuronal die Empathie für die Fremdgruppe erhöhten. »Diese Empathie gilt nicht allein der Person, die einem den Gefallen getan hat, sondern auch anderen Personen derselben Gruppe«, so Hein. Die erhöhte empathische Hirnreaktion für die Fremdgruppe werde durch ein neuronales Lernsignal getrieben, das durch die überraschend positiven Erfahrungen mit einem Fremden entstehe.

Das heißt nicht, dass Integrationsskeptiker mit Überfremdungsängsten oder Geflüchtete, die ihre deutschen Nachbarn argwöhnisch beäugen, von heute auf morgen ihr Weltbild auf den Kopf stellen. Weder Empathie noch Mitgefühl sind, das kann man nicht oft genug betonen, Allheilmittel, sondern nur mögliche Motive für prosoziales Handeln – aber eben sehr wichtige. Helfen kann man freilich auch aus anderen Gründen, etwa, weil es der sozialen Norm entspricht – oder aus egoistischen Motiven, weil man eine Belohnung erwartet. Geld zum Beispiel: Ein Enkel bekommt für jeden Besuch bei seiner Großmutter zehn Euro. Das könne, sagt Grit Hein, funktionieren, berge aber das Problem, dass das Interesse an der anderen Person erlösche, sobald es keine Belohnung mehr gibt. »Studien zeigen sogar, dass monetäre Anreize das Gegenteil bewirken können, das heißt Menschen dazu bringen können, sich weniger prosozial zu verhalten, als sie es von sich aus täten.« Dass es für viele einen Unterschied zu machen scheint, ob sie aus eigenem Antrieb heraus Gutes für andere tun oder weil sie gekauft wurden, hat zumindest etwas Beruhigendes.

Die Erkenntnisse aus dieser Studie schmälert das nicht im Geringsten, im Gegenteil. Sie zeigen etwas sehr Wichtiges: wie wenig Engagement im Grunde nötig ist, um jene Offenheit gegenüber dem Fremden zu fördern, ohne die es weder ein respektvolles Miteinander noch einen Hauch von Verständnis für die Lebenswelt anderer geben kann.

Nur: Wo finden Begegnungen mit Fremden, mit Mitgliedern der sogenannten Fremdgruppe tatsächlich statt? Wo, wann und wie häufig versuchen wir ernsthaft, in die Schuhe des anderen zu schlüpfen?

Selbst wenn man nicht auf die eigene Wohlfühlzone und das Gespräch mit Gleichgesinnten fixiert ist, braucht es Gelegenheit zum Austausch und Perspektivenwechsel, ungeplant, im Alltag etwa. Blickt man auf die soziale Durchmischung in deutschen Städten, wird klar, dass einem der Zufall hier eher nicht in die Hände spielt. Die Mieten sind teilweise derart aberwitzig hoch, dass sich zum Beispiel in Berlin Verzweifelte auf ein Inserat hin meldeten, das eine Bleibe in einem Zelt auf dem Balkon anbot. Ein kurioser Fall, der aber symptomatisch für die katastrophale Wohnungslage ist. Arme und reiche Menschen, junge und alte, Eingewanderte und Alteingesessene wohnen immer seltener Tür an Tür. Dieses Filterblasendasein verfestigt sich dramatisch.

Das hat der Bildungssoziologe Marcel Helbig in der bislang umfangreichsten Studie zur sozialen Segregation herausgefunden. 74 deutsche Großstädte haben Helbig und sein Team analysiert. Das Ideal einer bunt durchmischten Stadt? Eine absolute Seltenheit. Zwar sei die ethnische Segregation in vielen Städten zurückgegangen, sagte Helbig gegenüber der *F.A.Z.*, doch die soziale Spaltung wird immer größer – verschärft durch die Flüchtlingskrise. »Der als Asylbewerber anerkannte Flüchtling fällt, sofern er nicht sofort einen Job bekommt, erst einmal in das Hartz-IV-System. Mit der zugewiesenen Wohnung wird er dorthin geschoben, wo ohnehin die Armen leben. In Städten wie München oder Stuttgart wird es vielleicht ein kleineres Problem, weil sich die Sozialwohnungen dort besser verteilen, in ostdeutschen Städten wird es ein sehr großes«, sagt Helbig. Dort ballt sich das soziale Elend in den Plattenbauten am ausgefransten Stadtrand. Abgeschoben, chancenlos. Rostock, Schwerin, Potsdam, Erfurt, Halle und Weimar sind besonders betroffen. Alles Städte, in denen mittlerweile regelrechte Trennlinien zwischen den Plattenbaugebieten auf der einen Seite und den restaurierten, aufgehübschten Innenstädten sowie Vororten mit Reihenhäusern auf der anderen Seite existieren. Hier wie dort gilt: Man bleibt unter seinesgleichen. Für die Reichen ist das kein Problem, für die sozial Abgehängten ist es verheerend. »Wenn ich in einer Nachbarschaft mit vielen armen Menschen lebe, werden meine eigenen Bildungschancen schlechter – zum Beispiel vermittelt über eine sozial schwierige Zusammensetzung in der Schule«, sagt Helbig. Eine einigermaßen gleichmäßige Verteilung von armen und wohlhabenden Menschen über eine Stadt, ist nicht nur für die Chancengleichheit wichtig, sondern auch für ein offenes Miteinander: Ohne Berührungspunkte schwindet nicht nur das Verständnis füreinander, auch Vorurteile gedeihen leichter.

~~~

Über die Berliner heißt es, sie seien ruppig. Schwaben sagt man Geiz nach. Kevin? Kein Name, eine Diagnose. Alles gängige Vorurteile, die witzelnd geäußert werden dürfen, ohne dass sich jemand groß daran stören würde. Inzwischen werden allerdings auch Vorurteile ganz anderen Kalibers unter anschwellendem Beifall kundgetan, nach dem Motto: Das wird man ja wohl noch mal sagen dürfen. Zum Beispiel, Flüchtlinge seien eine
~~~

Gefahr für dieses Land und wanderten massenhaft in die Sozialsysteme ein. Oder, dass es sich beim Islam um eine Kriegsreligion handle. Im öffentlichen Diskurs, so der Soziologe Harald Welzer, habe eine Konsensverschiebung stattgefunden, in deren Folge »Ausgrenzungs- und Gewaltfantasien nicht mehr als Abweichung, sondern als mindestens teilgesellschaftlich akzeptabel verstanden werden«. Wobei man hier wohl besser nicht von Vorurteilen spricht, sondern von Feindbildern.

Vorurteile nämlich, daran ändert kein moralisches Richtmaß etwas, hat (in unterschiedlichem Ausmaß natürlich) jeder einzelne von uns. Sie sind ein basaler biologischer Mechanismus, den man bereits bei fremdelnden und sich abgrenzenden Kleinkindern beobachten kann. Dazu existieren zahllose evolutionsbiologische Theorien verschiedenster Art. Wir kommen ursprünglich ja aus Kleingruppen, die maximal Großfamiliengröße hatten, da war es von Vorteil zu wissen, wo man hingehörte. Sich das hin und wieder klar zu machen, ist nützlich.

Auch jene, die von sich selbst im stolzen Ton der Überzeugung behaupten, ungemein weltläufig, liberal und tolerant zu sein, sind davor nicht gefeit. Ja, selbst Menschen, die sich engagiert gegen Vorurteile, zum Beispiel gegenüber Schwarzen, einsetzen, benötigen in Impliziten Assoziationstests, die tief in unserer Psyche vergrabene Vorurteile offenbaren, länger, um dunkelhäutige Gesichter mit positiven Adjektiven zu verbinden als helle.

Interessant ist, dass sich der Reflektierte, der sich seiner Vorurteile wegen unbehaglich fühlt, im Alltag sehr gut kontrollieren kann. Kein böses Wort kommt ihm über die Lippen. In Ausnahmesituationen allerding, bei zu viel Alkoholkonsum, Stress, Frustration oder der gemeinsamen Empörung mit Komplizen im Geiste brechen die mühsam im Zaum gehaltenen Vorurteile aus ihm heraus.

Im vergangenen Jahr recherchierte ich für die *F.A.Z.* in Nigeria, weil ich die Aussichtslosigkeit, die Millionen von Menschen dazu treibt, ihr Leben zu riskieren, besser verstehen wollte – und das skrupellose Geschäft, das mit dieser Ausweglosigkeit gemacht wird. In Benin

City, einem unfassbar armen Moloch, wo alle Fäden zusammenlaufen und die Schlepper ihr Netzwerk haben, traf ich auch John, einen gescheiterten Mann Mitte zwanzig, der in seiner eigenen Heimat gestrandet ist. Das viele für die Flucht nach Europa von Verwandten und Freunden geliehene Geld, der Höllentrip durch die Wüste, die Foltergefängnisse in Libyen, die ganze ertragene Qual und Pein und Erniedrigung, der körperliche und seelische Schmerz, alles war umsonst. Ein Flugzeug hatte ihn kurz vor unserer Begegnung nach Benin City und zurück in die Hoffnungslosigkeit gebracht. Die Wüste, die ihn fast umgebracht hätte, lag plötzlich unter ihm, bedrückend schön. Der Fotograf, mit dem ich reiste, machte ein Bild von John. Er sitzt auf den Stufen eines heruntergekommenen Hauses, trägt ein kurzärmliges Hemd, Jeans, Sneakers und eine goldene Uhr. Er sieht aus wie ein ganz normaler Mann, würde er nicht sein Gesicht hinter seinen Händen verbergen – aus Scham über das Scheitern. Dieses Foto jedenfalls erschien in der *F.A.Z.* mit einem kurzen Text, in dem ich Johns Schicksal schilderte.

Ein paar Tage später kam ein erboster Leserbrief. Der Schreiber empörte sich darüber, dass der vermeintlich gescheiterte Mann eine Rolex Day Trade trage, deren Neuwert bei mehr als 20 000 Euro liege. Da relativiere sich das Schicksal doch ein wenig. Man solle in Zukunft doch bitte über wirklich hilfsbedürftige Mitmenschen berichten.

Auf die Idee, dass die Uhr eine spottbillige Fälschung sein muss, ist er nicht gekommen – oder er wollte nicht darauf kommen. Man hätte ihn gern gefragt, wie der echte notleidende Afrikaner seiner Ansicht nach aussieht: in Lumpen gekleidet? Dreckig? Bis auf die Knochen abgemagert? Mit Fliegen in den Augenwinkeln? Ich schrieb ihm eine Mail, aber er antwortete mir nicht. Vielleicht hätte ich ihn einfach anrufen sollen, aber manchmal ist es unmöglich, über den eigenen Schatten zu springen.

Eine Hamburger Studie konfrontierte die Probanden mit Fotos von Personen mit und ohne Waffe. Die Aufgabe war, so schnell wie möglich zu reagieren. Drohte Gefahr, sollten die Versuchsteilnehmer den Knopf für »schießen« drücken, bei unbewaffneten Personen »nicht schießen«. Je nach Hautfarbe der Männer wichen die Reaktionszeiten erheblich voneinander ab. Sah der bewaffnete Mann türkisch oder arabisch aus, wurde schneller geschossen als bei einem weißen Bewaffneten. Man müsse dafür, so der Studienleiter Iniobong Essien, gar keine bewussten Vorurteile pflegen. Die sogenannte *Shooter Bias* habe nicht zwangsläufig etwas damit zu tun, ob wir eine positive oder negative Einstellung gegenüber bestimmten Gruppen haben, »sondern es geht tatsächlich eher um die Frage, wie sehr haben wir die Verknüpfung zum Beispiel zwischen arabisch und bedrohlich gelernt.«

Heute beeinflussen aber auch ökonomische Aspekte die emotionalen Reaktionen auf das Fremde. Man kann wohl sagen, dass je ärmer jemand ist, desto fremder ist er uns. Hoch qualifizierte Astrophysiker aus Syrien oder Ingenieure aus dem Irak, gegen solche, der Gesellschaft »nützliche« Einwanderer, hat wohl kaum jemand etwas einzuwenden. Der FDP-Vorsitzende Christian Lindner erzählte dazu auf dem Bundesparteitag eine Anekdote: »Man kann beim Bäcker in der Schlange nicht unterscheiden, wenn einer mit gebrochenem Deutsch ein Brötchen bestellt, ob das der hoch qualifizierte Entwickler künstlicher Intelligenz aus Indien ist oder eigentlich ein sich bei uns illegal aufhaltender, höchstens geduldeter Ausländer.« Nein, kann man nicht, da liegt er sachlich völlig richtig. Man weiß allerdings auch nicht, ob die Frau mit dem Kinderwagen vor einem alleinerziehend ist oder nicht.

Neben dem IT-Inder wäre Lindner sicher auch der reiche Inder recht. Wer reich ist, ist ohnehin überall auf der Welt willkommen. Dem Sultan von Brunei habe noch niemand seine Hautfarbe übel genommen, schreibt Enzensberger. Wo die Konten stimmen, versiege wie durch ein Wunder der Fremdenhass. »Den Vogel schießen in dieser Hinsicht die Drogen- und Waffenhändler ab, zusammen mit den Bankiers, die ihr Geld waschen. Sie kennen keine Rassen mehr und sind über jeden Nationalismus erhaben. Vermutlich sind sie die einzigen auf der Welt, denen jedes Vorurteil fernliegt«, so Enzensberger.

In bester Frankfurter Innenstadtlage im »Warenhaus der guten Dinge« wurde ich einmal unfreiwillig Zeuge, als sich zwei Banker neben mir über Anlagemöglichkeiten austauschten: Der eine hatte am Abend vorher eine

Dokumentation über den Krieg in Syrien gesehen und kam darüber beinahe ins Schwärmen. All die zerbombten Städte. Flächen ohne Ende. Die Grundstückspreise im Keller. Irgendwann, in zehn, fünfzehn Jahren, müsse ja auch mal wieder Frieden herrschen. Man dürfe keine Zeit verlieren, solange die Konkurrenz noch schläft. Jetzt schnell was in Aleppo kaufen, am besten gleich einen ganzen Straßenzug, sagte er.

Für alle anderen gilt: Wir sind unseren Ängsten nicht ausgeliefert, im Gegenteil. Wir können sie »überlernen«. Das klingt ermutigend, hat aber einen Haken. Das beste Empathietraining scheitert, wenn es auf ein Klima des Misstrauens und der Unsicherheit trifft. Der Mangel an Mitgefühl in einer Gesellschaft sagt in erster Linie etwas über die Gesellschaft und erst in zweiter Linie etwas über den Menschen aus. Menschen sind besonders dann empathisch, wenn es vom sozialen und gesellschaftlichen Umfeld ermöglicht und gefördert wird.

Wie ist das bei uns? Nehmen wir die Flüchtlingspolitik der Bundesregierung. Die tut, vorsichtig formuliert, wenig, um Begegnungsräume zu schaffen und einen Ängste und Vorurteile überschreibenden Lernprozess in Gang zu bringen. Man könnte sogar sagen, dass sie ihn systematisch verhindert, beispielsweise in Bamberg. Dort leben in einer ehemaligen amerikanischen Kaserne etwa 1300 Geflüchtete zusammengepfercht auf engstem Raum, abgeschirmt vom Rest der Bevölkerung hinter Zäunen und Stacheldraht. Das Großlager hat auch einen Namen: AOE, Aufnahmeeinrichtung Oberfranken, eine Art Blaupause für künftige »Ankerzentren«. Presse ist dort nicht gern gesehen, *Die Zeit* hat trotzdem eine Reporterin nach Bamberg geschickt, und beim Lesen ihres Berichts läuft es einem tatsächlich kalt den Rücken herunter. Ein seit Monaten im Lager ausharrender und zum Nichtstun verdammter Iraner erzählt, er habe jeden Tag Angst. »Vor den Wachmännern, die nicht sprechen, sondern brüllen und die Tür aufstoßen, ohne zu klopfen. Vor den Arabern aus dem Nachbarblock, die sich mit Bier volllaufen lassen, die in der Kantine die Frauen begrapschen und bis spät in die Nacht grölen und pöbeln.« Weil er nachts nicht schlafen kann, überfällt ihn regelmäßig während des morgendlichen Deutschunterrichts die Müdigkeit. Der Iraner sagt, dass wer an diesem Ort wohne, entweder depressiv oder aggressiv werde. Die Pfarrerin sagt das auch. »Viele Probleme würden überhaupt nicht entstehen, wenn man die Leute nicht so zusammenpferchen würde.« Drogenschmuggel und Gewalt gediehen, Integration werde verhindert und Recht gebrochen, schreibt *Die Zeit*. Das »Lager ist gefährlich für die Flüchtlinge und für die deutsche Gesellschaft«, sagt die Pfarrerin. Der Name, der sich für die Aufnahmeeinrichtung eingebürgert hat, lautet: Getto.

Das »Bamberger Modell« gilt in Unionskreisen als vorbildlich, besonders unter Effizienzgesichtspunkten. Bürokratisch betrachtet trifft das zweifellos zu: Auf dem Gelände ist das Bundesamt für Migration und Flüchtlinge vertreten, ebenso das Sozialamt sowie die Ausländerbehörde – der bayerische Innenminister Joachim Herrmann lobte die daraus resultierende Verfahrensbeschleunigung. Zwischenmenschlich und gesellschaftlich betrachtet sind solche »Transitzentren«, oder besser: Internierungslager für unerwünschte Fremde, eine Katastrophe. Was einem der gesunde Menschenverstand sagt, ist sogar neuronal nachweisbar: »Ergebnisse wie die der Züricher Studie zeigen eindeutig, dass Gettoisierung falsch ist«, sagt Grit Hein. Stattdessen müssten gezielt Kontakte aufgebaut werden, von beiden Seiten.

Das ist ja seit Langem bekannt, wurde unzählige Male eindrücklich beschrieben und eingefordert. Deshalb ist es ja so verwunderlich, dass für die Stärkung des Wir-Gefühls von politischer Seite so wenig getan wird.

Ganz anders sieht es auf privater Seite aus: Zahllose Menschen engagieren sich ehrenamtlich, geben Sprach- und Computerkurse, helfen in Kindertagesstätten, organisieren Ausflüge, verteilen Essen und Kleider und Wärme. Die »Willkommenskultur« hat tiefe Risse erlitten, aber sie wird tagtäglich vielerorts unbeirrt weiter bewiesen, was bei all dem medialen und politischen Getöse leider viel zu oft untergeht.

Bei einer Freundin und ihrer Familie zum Beispiel lebt seit fast zwei Jahren ein geflüchteter Syrer. Er ist Anfang dreißig und kam auf Empfehlung einer Bekannten. Weil er meiner Freundin, ihrem Mann und den zwei Söhnen im Teenageralter sympathisch war, entschieden sie sich, ihn bei sich aufzunehmen. Sechs Monate. Fürs Erste. Dass er bei ihnen wohnt, sagt die Freundin, geschah aus Mitgefühl, aber auch aus Pragmatismus: Jemand war in Notlage, sie hatten ein Gästezimmer, das nur benutzt wurde, wenn eine der Großmütter sie besuchte. Zu dem anfänglichen Mitgefühl, das auf Dauer wohl nicht gereicht hätte, um einen Fremden für längere Zeit zu beherbergen, gesellte sich Neugierde, Zuneigung und die Hoffnung, dass, sollte einer der Söhne jemals alleine in der Fremde sein und Hilfe brauchen, auch ihm jemand eine Hand reicht. Die Freundin sagt: »Ich weiß, dass das kein Handel ist und dass es keine Garantie gibt. Aber je mehr Leute das Richtige tun, umso leichter wird es für alle anderen, sich anzuschließen.«

Nach zwei Monaten war sich die Familie einig: A. soll bleiben. Seither ist nicht alles reibungslos verlaufen, wie könnte es auch. Manchmal ärgert sich die Freundin über A.: Wenn er Popcorn macht und danach den Topf nicht abwäscht. Oder wenn er eine Stunde lang heiß duscht, sein Zimmer auf gefühlte 35 Grad heizt und nicht lüftet. Wenn er nicht von selbst auf die Idee kommt, mal den Müll runterzutragen. Häufiger aber, viel häufiger, freut sie sich über seine Gegenwart. Es sei schön, wenn er seine netten Freunde mit nach Hause bringe, wenn er für die Familie koche, mit den Söhnen zum Schwimmen gehe und sich abends noch zu ihnen setze auf ein Glas Wein. Mit der Zeit sind einander

Fremde zusammengewachsen, weil sie viele wichtige Momente geteilt haben: die Freude, als A. seine Aufenthaltsbestätigung bekam, seine erste Praktikumszusage erhielt und schließlich eine feste Stelle als gut bezahlter Softwareingenieur.

Einmal habe sie seinetwegen geweint, sagt die Freundin. Er hatte Geburtstag, sie buk ihm einen Kuchen, ihr Mann besorgte Blumen. »Wir schenkten ihm ein Hemd in den bunten Farben, die er so liebt. Dann erzählte er, dass er gerade mit seiner Mutter telefoniert habe, die zu Hause in Syrien wie jedes Jahr für ihn seine Leibspeise zubereitet hatte – obwohl er nicht da ist. Sie hat ihn seit mehr als zwei Jahren nicht gesehen.«

~~~

A. hatte Glück und traf die richtigen Menschen. Das Schicksal in einem Ankerzentrum zu hocken, blieb ihm erspart. Aber es ist ja nicht nur die Gettoisierung vieler oft traumatisierter Geflüchteter, die gefährlich ist. Auch die Unterteilung in Eigengruppe und Fremdgruppe, das euphorische Eingemeinden und gnadenlose Ausschließen, kann, wenn es von ganz oben kommt, wie ein
~~~

Brandbeschleuniger in Sachen Ausgrenzung wirken. Ein niederschmetterndes Beispiel dafür lieferte Horst Seehofer mit dem Satz »Der Islam gehört nicht zu Deutschland«. Der Mann, von dem auch Sätze stammen wie »Wer betrügt, der fliegt« und die Aussage, er werde sich »bis zur letzten Patrone« (gemeint war die Druckerpatrone) dagegen wehren, dass »wir eine Zuwanderung in die deutschen Sozialsysteme bekommen«, war gerade zum Bundesinnenminister ernannt worden, da fiel ihm nichts Besseres ein, als einen solch spalterischen Ton anzuschlagen: Wer nicht zu uns gehört, braucht auch nicht unser Mitgefühl. Diese Ungeheuerlichkeit stört, wie Heribert Prantl in der *Süddeutschen* kommentierte, den inneren Frieden des Landes. Und das ausgerechnet zu einem Zeitpunkt, als gerade mehrere Anschläge auf Moscheen und Moscheenvereine verübt worden waren, über die jedoch kaum berichtet worden ist. Sollte diese Rede typisch sein für das Rollenverständnis des neuen Bundesinnenministers, so Prantl, dann habe er seine Aufgabe nicht begriffen. »Er ist ein Minister für das Miteinander, nicht für die Verteidigung von Holzköpfigkeit.« Wie soll sich jemand in einer Gesellschaft, einem Land heimisch, akzeptiert und respektiert fühlen, wenn der Bundesinnenminister sagt:

Du gehörst nicht dazu? Der Mord an Susanna F., die ein polizeibekannter, abgelehnter Asylbewerber aus dem Irak vergewaltigt, erdrosselt und dann verscharrt haben soll, und der das Land, die Politik und die Medien in Aufruhr versetzte, war da noch gar nicht geschehen.

Eine spalterische Bemerkung machte nur kurze Zeit nach Seehofer auch Gesundheitsminister Jens Spahn: »Hartz IV bedeutet nicht Armut, sondern ist die Antwort der Solidargemeinschaft auf Armut.« Mit Hartz IV habe jeder, was es zum Leben brauche.

Norbert Blüm, der frühere Arbeitsminister, war nicht der Einzige, den Spahns Haltung entsetzte. In einem Interview sagte er an Spahns Adresse gerichtet: »Sie sind herzlos, und Sie sind ohne Empathie für diejenigen, die Hartz IV empfangen müssen. Was ich am meisten bedaure, ist, dass sich viele Hartz-IV-Empfänger durch solche sozialbürokratischen, eiskalten Bemerkungen diskriminiert fühlen.« Armut beginne nicht, wenn man kein Dach über dem Kopf und nichts zu essen habe. »Das Problem ist, wenn Du ausgeschlossen wirst oder keine Chancen hast. Und viele dieser Hartz-IV-Empfänger fühlen sich ausgeschlossen.« Wenn denjenigen, die sich anstrengten, auch noch vorgeworfen werde, sie seien faul oder arbeitsunwillig, »dann fügen wir dem materiellen Mangel auch noch die öffentliche Verachtung hinzu«, sagte Blüm.

Der Eindruck, dass die Prinzipien der Menschlichkeit an vielen Fronten immer weiter ausgehöhlt werden, verfestigt sich. Marco Wanderwitz, CDU-Abgeordneter aus dem Erzgebirge, bezeichnete gegenüber dem *Spiegel* das Jahr 2017 als das anstrengendste und intensivste seiner politischen Laufbahn. Noch nie habe er einen so hasserfüllten Wahlkampf, eine derartige Spaltung der Gesellschaft erlebt. »Auf den Marktplätzen haben uns AfD-Anhänger angeschrien und als ›Volksverräter‹ beschimpft. An manchen Haustüren hat man mir Prügel angedroht. Man konnte greifen, dass der Firnis der Zivilisation dünn ist.«

In Münster waren nach der Amokfahrt eines in Deutschland geborenen Mannes gerade mehrere Menschen getötet und viele zum Teil schwer verletzt worden, da twitterte die AfD-Politikerin Beatrix von Storch bereits ungehemmt los und erdichtete eine absurde Verbindung zwischen dem Anschlag und Merkels Flüchtlingspolitik. Den psychisch kranken Täter bezeichnete sie als »Nachahmer islamischen Terrors«. Frau von Storch ist, das muss man sich vor Augen halten, kein x-beliebiger Troll, dessen Äußerungen versanden, sondern Mitglied im Bundesvorstand der AfD.

Bei ihrer Regierungserklärung sagte Angela Merkel, »dass sich in unserem Land offenkundig etwas verändert hat«. Obwohl es Deutschland wirtschaftlich so gut gehe wie seit Jahrzehnten nicht, sei der Ton rauer geworden, der Respekt vor unterschiedlichen Meinungen zurückgegangen. Und dann wird sie selbstkritisch, nimmt Bezug auf jenen Satz, den sie selbst gesagt hat und den sie jetzt, im Nachhinein, als Kristallisationspunkt in der Debatte über die Flüchtlingspolitik bezeichnet. Auch er habe das Land gespalten und polarisiert. Sie meint ihren Satz: »Wir schaffen das!«

~~~

Angela Merkels »Wir« trifft trotz der vergifteten Stimmung ja einen wichtigen Punkt. Wir sind Gruppentiere, kooperative Wesen, wir teilen, helfen und verfügen
~~~

über ein großes Gefühlsarsenal: Bei Ungerechtigkeit zum Beispiel reagieren wir äußerst empfindlich. Wenn zwei Affen eine unterschiedliche Belohnung für ein und dieselbe Aufgabe bekommen, verweigert der Benachteiligte ziemlich rasch sein Mitwirken. Man muss nur einmal die eigene Reaktion auf himmelschreiende Ungerechtigkeit im Beruf beobachten. Bleibt sie ohne Konsequenzen, ist gar systemisch, zehrt das am Werteempfinden. Trotzdem begehren wir viel zu selten auf – aus Feigheit, aus Angst vor dem Karriereknick, aus Resignation. Natürlich sind wir auch »anreizgesteuerte Tiere«, wie de Waal schreibt, fokussiert auf Status, Territorium und Nahrungssicherung. »Unsere Art hat beides, eine soziale und eine selbstsüchtige Seite.«

Die Konzentration auf die Selbstsucht schlägt sich in der Idee des »Homo oeconomicus« nieder, der Annahme, dass der Mensch primär rational handelt und nur darauf aus ist, seinen eigenen Nutzen zu maximieren. Koste es, was es wolle. Eine Theorie, die in ihrer Radikalität inzwischen als veraltet gilt.

Tania Singer sagte 2016 in einem Interview mit der *Zeit*, sie sei als ein »Wir« zur Welt gekommen, nicht als ein »Ich«. Sie hat einen eineiigen Zwilling. Dieses Wir-Gefühl zieht sich auch durch ihre wissenschaftliche Karriere. Schon früh habe sie das Gefühl gehabt, dass sich die Gesellschaft zu sehr auf den Einzelnen konzentriere, weshalb sie erforschen wollte, wie wir uns in Beziehungen verhalten. Wie interagieren zwei Gehirne? Wie fühle ich die Bedürfnisse des anderen? Warum verhält sich der andere, wie er sich verhält?

Der Mensch ist zur Leistung genauso fähig wie zur Fürsorge, zu Angst und Zorn. Das alles seien evolutionsgeschichtlich gewachsene Motivationssysteme. Je nach Kontext kann ein menschliches Motiv über das andere siegen. Es bis zur Verkümmerung kleinhalten. In einer Gesellschaft, die wie unsere vor allem Leistung, Konkurrenz und Macht fördert, wird eher der Egoismus unterstützt, weil der am Ende ja auch belohnt wird, jedenfalls oft. Jemand, der sich also immer nur im Selbstbehauptungskampf und Selbstdarstellungsmodus befindet, getrieben von der Angst, beruflich oder privat auf der Strecke zu bleiben, tötet sein Mitgefühl nach und nach ab. Tania Singer ist sicher: Irgendwann werde aus ihm ein selbstsüchtigerer Mensch. »Schafft man Institutionen, die eher Kooperation oder Teamfähigkeit belohnen, werden täglich Netzwerke im Gehirn aktiviert und gefördert, die letztlich dienlich sind, prosoziales Verhalten zu motivieren, und auf lange Sicht somit auch zu einer kooperativeren Gesellschaft führen können.« Wettbewerb ist deshalb nicht gleich falsch, aber es geht auch an dieser Stelle wieder um das richtige Maß, um die Balance zwischen den Motiven und um die Frage, ob diese Balance nicht ganz schön aus dem Gleichgewicht geraten ist. Man muss hier gar nicht den Dieselskandal, die obszönen Managergehälter und Abfindungssummen gescheiteter Firmenchefs ins Feld führen. Es reicht diese Geschichte, die kurz vor Weihnachten in *Der Zeit* erschien:

In einem erschütternden Artikel wurde die Frage gestellt: »Warum verdient Frau Noe nicht mehr?« Frau Noe übt einen der härtesten und gleichzeitig wichtigsten Berufe hierzulande aus: Sie pflegt alte Menschen. Sie wechselt Windeln, reinigt künstliche Darmausgänge, setzt Spritzen, tröstet, lindert Einsamkeit. Gemessen an ihrer Arbeit und am Beitrag, den sie für die Gesellschaft und die Nächstenliebe leistet, ist ihr Gehalt ein schlechter Witz. Dabei gehört Heike Noe mit 2500 Euro Nettolohn noch zu den Spitzenverdienern der Branche. In Deutschland fehlen mindestens 30 000 Pflegekräfte, und die Autorin des Artikels schreibt, dass Altenpfleger wie Heike Noe eigentlich von einem einfachen ökonomischen Gesetz profitieren müssten: dem von Angebot und Nachfrage. »Steigt die Nachfrage, steigt auch der Preis. Frau Noe, einer besonders gefragten Arbeitskraft, müssten die Heimbetreiber besonders viel bieten: gute Arbeitsbedingungen, ein hohes Gehalt. Sie tun es aber nicht.« Warum? Das ist kompliziert: Ausländische, renditeorientierte Investoren sind involviert, nur wenige Pfleger engagieren sich in Gewerkschaften, Streik wie etwa bei den Piloten kommt nicht in Frage. Deutsche Sozialverbände verhindern, dass Flüchtlinge als zusätzliches Hilfspersonal eingestellt werden, weil dadurch versicherungstechnische Schwierigkeiten auftreten könnten. Soweit die bürokratischen Probleme. Entscheidend ist aber vor allem die bittere lebensweltliche Konsequenz: Die wertvolle Arbeit von Frau Noe und anderen für andere wird, gemessen an der Entlohnung, geringgeschätzt. Ihre Arbeit gegen Einsamkeit verrichtet sie unbeirrt fernab eines staatlichen Auftrags ganz in voluntaristischer Eigenregie.

Unser Mitgefühl ist ein umworbenes Gut. 2015 druckten viele Zeitungen auf ihren Titelseiten ein Foto, das die Welt erschütterte. Wer es gesehen hat, vergisst es nie mehr: Ein Kind liegt am Strand von Bodrum, die Beine angewinkelt, das Gesicht im Sand, die Handflächen nach außen gedreht. Die nasse Kleidung klebt am Körper des syrischen Jungen. Aylan Kurdi ist tot, ertrunken im Mittelmeer, auf der Flucht nach Europa.

Oft heißt es, die Bilderflut habe den modernen Menschen abstumpfen lassen und ihn zum kalten Konsumenten von Tragödien gemacht. Derart simpel sind wir aber nicht gestrickt. In ihrem Essay »Das Leiden anderer betrachten« schreibt Susan Sontag: »Die Menschen verhärten sich gegen das, was man ihnen zeigt, nicht wegen der Quantität der Bilder, die ihnen vorgesetzt werden. Es ist vielmehr die Passivität, die abstumpft. Die Zustände, die man als Apathie, als moralische oder emotionale Taubheit bezeichnet, sind voller Gefühle: voller Wut und Frustration.« Es sei kein Fehler, wenn wir nicht genug leiden, während wir diese Bilder sehen. Wobei sich natürlich sofort die Frage stellt, was »genug leiden« bedeutet und wer eine angemessene Mitgefühlsintensität bestimmt? Elendsbilder, so Sontag, könnten nicht mehr sein als eine Aufforderung zur Aufmerksamkeit, zum Nachdenken, zum Lernen – dazu, die Rationalisierungen für massenhaftes Leiden, die von den etablierten Mächten angeboten werden, kritisch zu prüfen.

Zwei Jahre nach der Publikation des Fotos veröffentlichten schwedische und amerikanische Forscher eine Studie zu dessen Wirkungskraft. Was hat das Foto des toten Aylan Kurdi verändert? Mit der Hilfe von Google Trends überprüften die Wissenschaftler bestimmte Suchbegriffe innerhalb eines festgelegten Zeitraums und stellten fest, dass die Zahlen für die Begriffe »Syria« und »Refugees« ab dem 2. September 2015 »dramatisch« angestiegen waren.

Die Forscher untersuchten außerdem das Spendenverhalten der Schweden für syrische Flüchtlinge an das dortige Rote Kreuz. Die eingehenden Spenden, die sich vor dem im Foto festgehaltenen Tod Aylan Kurdis in Grenzen gehalten hatten, schossen innerhalb weniger Tage auf einen Höchststand von beinahe 14 000 Spenden täglich.

Der Mitleideffekt hielt allerdings nur etwa fünf Wochen an, danach war mit der Großzügigkeit wieder Schluss, und die Spenden pendelten sich auf dem gewohnt niedrigen Niveau ein. Trotzdem bescheinigten die Forscher dem Foto einen eindeutig »ikonischen Opfer-Effekt« – vergleichbar mit dem Foto des nackten Mädchens, das während des Vietnamkriegs vor einer Napalm-Wolke flieht. Eine der wichtigen Lehren sei: »Wir können nicht davon ausgehen, dass die Statistiken zu massiven humanitären Krisen unsere Aufmerksamkeit erregen oder uns dazu bewegen, etwas zu unternehmen – egal, wie groß die Opferzahl ist«, so die Wissenschaftler. Bereits bei zwei Betroffenen beginne das Mitgefühl, schwächer zu werden. Der Tod Tausender, gar Hunderttausender übersteigt unsere Vorstellungskraft. Der Tod Aylan Kurdis »weckte die Welt vorübergehend auf«.

Noch ein – allerdings Negativbeispiel: In Dresden errichtete der deutsch-syrische Künstler Manaf Halbouni Anfang 2017 »Bus-Barrikaden« in Form dreier ausrangierter, monströs in den Himmel ragender Buswracks, um syrische Verhältnisse zu simulieren. Die Bus-Skulptur spielte auf eine Begebenheit an, die sich

2015 in Aleppo zutrug, als Zivilisten im Ostteil der Stadt Buswracks als Mauer zum Schutz vor Scharfschützen nutzten. Eine »Brücke zum Nahen Osten«, direkt vor der Frauenkirche. Der Versuch, die Herzen der Menschen zu berühren und an die dramatische Lage in Syrien zu erinnern, scheiterte phänomenal. Ein wütender Mob protestierte gegen den »Schrott« und beschimpfte die Politiker als »Volksverräter«. Die Leute wehrten den Einbruch des aktuellen »fremden Leids« in ihren Alltag vehement ab und sahen ihr vergangenes »eigenes Leid«, nämlich die Bombardierung von Dresden im Zweiten Weltkrieg, sogar abqualifiziert.

Das ist deshalb ein gutes Beispiel, weil es eindrucksvoll zeigt, wie komplex Mitgefühl ist und wie schnell sich etwas gut Gemeintes in sein Gegenteil verkehren kann – und das nicht nur an bestimmten, für ihre Fremdenunfreundlichkeit berühmten Orten.

Denn die Vorstellung von einem »Dunkeldeutschland«, in dem nichts als »das Pack« zu Hause sei und die gute Stimmung kaputt macht, zeugt ja ebenfalls nicht von einer besonderen Einfühlungsgabe. Die wirtschaftlich prekäre Situation vieler Ostdeutscher, und darüber hinaus ihre fehlende Erfahrung mit der kurzfristigen Aufnahme einer großen Menge von ausländischen Geflüchteten miteinzuberechnen, fällt zwar nicht immer leicht, gehört aber zum mitfühlenden Umgang ebenso dazu wie all das andere. Man kann die – historisch bedingte – Angst vor einem plötzlichen Zusammenbruch des Systems durchaus verstehen, ohne deshalb gleich Verständnis für die rhetorisch und moralisch eskalierenden Konsequenzen zu haben, die mancherorts hier zutage treten. Allerdings sind die Fronten mittlerweile verhärtet – die Lager, so scheint es, stehen sich unversöhnlich gegenüber. Die einen, die die Fahne der Mitmenschlichkeit hochhalten, werden als naive Gutmenschen verhöhnt, die Blut an ihren Händen haben, die anderen pauschal als Rassisten gebrandmarkt. Dazwischen aber ereignen sich zahllose alltägliche Begegnungen, gewollte und ungewollte, schöne und weniger schöne und manche schlicht notgedrungen, wie diese hier, die Navid Kermani in seinem Buch *Entlang den Gräben* erzählt: Kermani, unterwegs in Schwerin, fragt seinen Gesprächspartner Herrn Oellerking nach den Kleingärtnern. Wie so vieles andere, berichtet der, gingen auch die Kleingärten allmählich ein. »Die alten Gartenfreunde stürben, neue kämen nicht ausreichend hinzu, sodass die Gebühren stiegen, was wiederum junge Familien abhalte, einen Garten zu übernehmen – ein Teufelskreis. Schlimmer noch, das Gemeinschaftsgefühl lasse nach, der Zusammenhalt. Früher habe ein Aushang genügt, dann hätten zur angegebenen Zeit die Nachbarn mit angepackt. Doch nun habe der Vorstand dazu aufgerufen, den Garten eines kranken Rentners auf Vordermann zu bringen – und außer einem einzigen Kleingärtner, der auch noch AfD-Mitglied war, seien nur die syrischen Flüchtlinge angerückt, um sich auf dem Dreesch nützlich zu machen. Der Mann von der AfD habe unglücklich umhergeschaut, dann habe er hektisch telefoniert, um deutsche Helfer zu finden, aber die deutschen Kleingärtner, die hälfen sich nicht mehr. Dem kranken Rentner seien die Syrer schon recht gewesen. »Hauptsache, das Laub wurde gekehrt, die Äste geschnitten.«

Bleiben wir für einen Moment im Osten: Kurz bevor die Leipziger Buchmesse ihre Tore öffnete, sprachen die Autoren Uwe Tellkamp, dessen Roman *Der Turm* 2008 den Deutschen Buchpreis gewann und sich fantastisch verkaufte, und Durs Grünbein im Dresdner Kulturpalast über Meinungsfreiheit. So jedenfalls hatten es die Veranstalter geplant. Es kam aber anders, und der Abend drehte sich hauptsächlich um Flüchtlinge und die Flüchtlingspolitik der Bundesregierung. Tellkamp nutzte das Podium, um seinen Überfremdungsängsten sowie seiner Wut auf die vermeintlichen Mainstream-Medien und angebliche »westdeutsche Meinungskartelle« öffentlichkeitswirksam Ausdruck zu verleihen, während Durs Grünbein versuchte, einen klaren Kopf zu bewahren und Tellkamp durch mehr oder weniger moralisierende Argumente irgendwie den Wind aus den Segeln zu nehmen. Der wollte sich aber nicht den Wind aus den Segeln nehmen lassen, sondern sprach zum Beispiel lieber davon, dass 95 Prozent derer, die nach Deutschland kämen, nicht vor Krieg oder Verfolgung fliehen würden, sondern um in die Sozialsysteme einzuwandern. Der im Publikum sitzende rechte Verleger Götz Kubitschek meldete sich auch zu Wort und plädierte für eine rhetorische Aufrüstung, dafür, dass der Riss, der durch die Gesellschaft geht, »noch tiefer sein muss«.

Es ist zweifellos Tellkamps (und auch Kubitscheks) gutes Recht, Ängste zu artikulieren, ob im Dresdner Kulturpalast oder auf einer anderen Bühne, solange es nichts strafrechtlich Relevantes wird. Wobei die Grenzen da ja nicht ganz scharf gezogen werden können. Und so hat auch niemand dem sich als Opfer stilisierenden Tellkamp das Wort verboten, es wurde ihm lediglich widersprochen beziehungsweise die Erschütterung über das von ihm Gesagte formuliert. Stefan Berg, Ostdeutscher wie Tellkamp, schrieb im *Spiegel* an Tellkamp gerichtet: »Wenn ich mir die Aufzeichnung des Streitgesprächs aus dem Dresdner Kulturpalast anhöre, dann erschrecke ich vor allem über die Kälte, mit der Sie über Menschen hinwegreden. Wie kann einem Dresdner angesichts der Trümmerlandschaften, in die Syrien, der Irak, Afghanistan, Jemen verwandelt wurden, so leicht die Floskel vom ›Einwanderer in unsere Sozialsysteme‹ über die Lippen kommen? Als hätte jemand leichten Herzens eine Wanderschaft hinter sich gebracht, von Aleppo nach Dresden. Motto: Ich bin dann mal weg …« Und: »Wenn ich heute sagen sollte, was ich von Schriftstellern in schwierigen Zeiten wie diesen erwarte, dann, dass sie die Fahne der Menschlichkeit hochhalten, für die Liebe zum Nächsten eintreten, ja, auch zum Übernächsten. Ich erwarte, dass sie sensibilisieren, nicht desensibilisieren.«

Die Zahl der von Tellkamp in den Diskussionsraum geworfenen angeblichen 95 Prozent, eine plumpe Erfindung, ist eine Desensibilisierungskeule, der Mitgefühlskiller schlechthin, weil diese Zahl ja besagt: Die Geflüchteten nutzen unseren hart erarbeiteten Wohlstand schamlos aus; sie richten es sich auf unsere Kosten gemütlich ein, weshalb sie nicht einen Funken unseres Mitgefühls verdient haben. Diese Zahl macht aus Kriegsopfern Täter. Bei dieser mit Ressentiments und Faktenverdrehung arbeitenden Form der Streitkultur, die man überall beobachten kann, werden die Grenzen des Sagbaren kontinuierlich in eine gefährliche Richtung verschoben.

Wobei natürlich immer die Frage erlaubt sein sollte, worauf eine solche Rede reagiert. Was ist der Auslöser dafür, dass sich jemand, der so klug und historisch sensibilisiert ist wie Monika Maron, beim Blick auf die gegenwärtige Debattenkultur an »DDR-Zeiten« erinnert fühlt, in denen nicht offen kritisiert, sondern nur versteckt und dissidentenhaft die Stimme gegen die Mächtigen erhoben werden durfte?

Im Grunde aber ist Tellkamps Anklage, verglichen mit dem Ton, der mit der AfD in die Landtage sowie in den Bundestag Einzug gehalten hat und der jeden ernsthaften Versuch, die Position des anderen, seine Vorbehalte und Ängste irgendwie zu verstehen, erschwert, noch ein harmloses Beispiel.

Weniger harmlos ist dieses hier: Im Landtag von Sachsen-Anhalt hetzte der AfD-Abgeordnete Mario Lehmann Anfang des Jahres 2018 gegen eine im Kinderkanal KiKA ausgestrahlte Dokumentation, über deren Sinn und Wirkungsziel man tatsächlich diskutieren kann. Durch den ruppig-aggressiven Ton, mit dem der AfD- Mann das Thema anging, ist jedoch nahezu jeder Versuch einer gemäßigteren Kritik zum Scheitern verurteilt.

In *Malvina, Diaa und die Liebe* geht es um die Beziehung eines Syrers mit einem deutschen Mädchen. Lehman sagte: »Der KiKA sollte eventuell auch in Ficki-Ficki-Anleitungs-TV umbenannt werden.« Den anderen Parteien warf er mit Blick auf Kriminalität von Flüchtlingen vor, »politisch und symbolisch Blut an den Händen« kleben zu haben. Daraufhin verließen Abgeordnete von SPD, Grünen und Linken sowie Minister der schwarz-rot-grünen Landesregierung aus Protest den Plenarsaal, die Sitzung wurde unterbrochen. War das die richtige Reaktion, und muss man solche Sätze aushalten können beziehungsweise ihnen mehr entgegensetzen, als dem Redner nur den Rücken zu kehren?

Der Autor Volker Kitz erzählt in einem *Zeit*-Artikel von einem Freund, der eine Kneipe hat. Dieser Freund besitzt auch einen Aufkleber: »›AfD muss draußen bleiben‹. Soll er ihn an die Tür kleben? Es bereite ihm körperliche Schmerzen, sagt er, Leuten Bier auszuschenken, deren Weltbild ihn abstößt.« Aber genau da, so Kitz, beginne die Toleranz. In der kleinsten Kneipe ist Platz für unterschiedliche, auch gegensätzliche Meinungen. Kitz jedenfalls möchte sein Bier nicht da trinken, wo alle so denken wie er. »Umgekehrt kann sich der AfD-Gast in Toleranz üben, wenn er sein Bier an dieser Theke mit Flüchtlingen trinkt.« Soweit der Idealfall. Man ist wohl kein Pessimist, wenn man glaubt, dass er an den Kneipentresen hierzulande eher selten eintritt. Über die Frage, wer mit wem reden soll oder darf, es aber nicht tut beziehungsweise auf die falsche Art und Weise, sind Bücher geschrieben worden –

Mit Rechten reden von Per Leo und Maximilian Steinbeis zum Beispiel. Mitgefühl braucht Gesprächsbereitschaft – aber auch die hat, siehe Rechtsradikalismus, Antisemitismus und Beleidigungen unterhalb der Gürtellinie, ihre Grenzen.

Erinnern wir uns nur mal an die letzte »Echo«-Verleihung, ein kommerzieller, aber trotzdem nicht ganz unwichtiger und mittlerweile ehemaliger Musikpreis. Schon diese abstoßende Pose der Rapper Kollegah und Farid Bang, wie sie sich breitbeinig in ihre Sitze fläzten und selbstgefällig die Muskeln spielen ließen, als klar war, dass sie einen Echo gewonnen hatten – trotz ihrer teilweise antisemitischen und gewaltverherrlichenden Texte. Die klingen zum Beispiel so: »Dein Chick is ne Broken-Ass-Bitch, denn ich fick sie, bis ihr das Steißbein bricht«, »Okay, dann ramm' ich ihm Butterflys rein / Bitch, ich fülle sein'n Kopf mit Blei per Kalash wie im Columbine-Massaker / Wenn ihm mal ein ›Hurensohn‹ rausrutscht wie der Fotze seiner Mama«. Im Song »0815« rappen die Musiker: »Und wegen mir sind sie beim Auftritt bewaffnet / mein Körper definierter als von Auschwitzinsassen.«

Kunstfreiheit hin, die Gepflogenheiten des auf Provokation und auf maximales Fertigmachen des Gegners fußenden Battle-Rap her: Hier werden eindeutig Grenzen überschritten, hier wird die Menschenwürde verletzt und Hass gesät – Hass, der massenhaft auf YouTube und von Jugendlichen auf deutschen Schulhöfen konsumiert wird, wo die brutalen Übergriffe auf jüdische Schüler in erschreckendem Maße gestiegen sind. Der Zentralrat der Juden schlägt inzwischen Alarm und rät jüdischen Männern davon ab, »sich offen mit einer Kippa im großstädtischen Milieu in Deutschland zu zeigen«.

Immerhin, die Zahl der Entsetzten, die ihre Echos zurückgaben, stieg stetig, darunter Daniel Barenboim, Marius Müller-Westernhagen, Mariss Jansons und Igor Levit. Und dann, plötzlich, als man schon dachte, bald spricht leider eh keiner mehr darüber, stürmte die Kollegin freudestrahlend ins Büro und rief: »Der Echo wurde abgeschafft.«

Der offene Antisemitismus aber, er bleibt, im Rap, auf der Straße, auf Schulhöfen und Sportplätzen.

Eine Fußballmannschaft des TuS Makkabi Frankfurt muss unter Polizeischutz spielen. Der jüdische Verein tritt das Rückspiel gegen ein Fußballteam aus der Region an und will vermeiden, was man beim Hinspiel erlitten hatte: Anfeindungen durch Spieler der gegnerischen Mannschaft und deren Fans, vorwiegend von Muslimen, heftiger als je zuvor: Man wünschte die Sportler ins Gas.

Bei einer Berliner Kundgebung gegen die Verlegung der amerikanischen Botschaft nach Jerusalem verbrennen Teilnehmende der Veranstaltung israelische Flaggen.

In einer U-Bahn – ebenfalls in Berlin – wird ein Mann, der eine Kippa trägt, von einer Gruppe Männern beleidigt und beschimpft. Sie rufen »Free Palestine«, nennen ihn einen »Drecksjuden«, doch erst, als der Mann den Nothalteknopf drückt, reagieren die Mitreisenden.

Unbekannte beschmieren die Wand einer Sporthalle in einem sächsischen Dorf mit dem antisemitischen Schriftzug »Kauft nicht bei Juden« und sprühen daneben einen Davidstern.

Die Liste ließe sich nahezu endlos fortsetzen.

Auf allen Seiten, sagt Josef Schuster, Präsident des Zentralrats der Juden, erstarke der Hass auf Juden, unter Linken, als Israelkritik getarnt, bei den Rechtsextremen und unter Muslimen. »Fakt ist, dass sich der Antisemitismus in Deutschland in einer Art und Weise zeigt, wie ich es mir vor zehn Jahren in meinen Albträumen nicht vorgestellt habe. Wir erleben, dass Menschen, die als Juden erkennbar sind, bedroht und angegriffen werden.« Integrationskurse müssten das Judentum, die Schoah und Verantwortung für Israel viel intensiver behandeln. Schuster plädiert für den Besuch von KZ-Gedenkstätten. »In Bayern überlegen wir gerade, ob man Führungen in KZ-Gedenkstätten in arabischer Sprache anbieten sollte, um die Sprachbarriere zu überwinden«, sagte er gegenüber der *F.A.Z. Woche*. »Damit könnte man Geflüchtete besser erreichen und mehr Empathie erzeugen. Dennoch ist es Aufgabe der gesamten Bevölkerung, Antisemitismus eine Absage zu erteilen. Insofern sollte das den Geflüchteten auch von der Gesellschaft vorgelebt werden.«

Wir stehen an einer Wegscheide – entweder wir schotten uns weiter ab, verschärfen den Ton, in dem wir miteinander reden, weiter, brüllen bei jeder Gelegenheit auf und entrüsten uns, oder wir versuchen, die Stimme wieder einmal etwas zu senken. Den Blick zu schärfen, die eigenen, schnell getroffenen Urteile und Parteinahmen zu hinterfragen, bevor das Mundwerk vorprescht. Diese Devise gilt für alle Seiten – Mitgefühl heißt, den anderen als Gegenüber wahrzunehmen, der einem etwas bedeutet. Mitfühlen kann man da am besten lernen, wo die Gesellschaft Risse hat. Wer immer nur in seiner Komfortzone, seiner wohligen Stube, der bierseligen Skatrunde oder eben in den Filterblasen des Netzes verbleibt und sich dort nur seine Ressentiments bestätigen lassen will, dem nützt auch keine virtuelle Leidensrealität etwas. Das anhaltende Mitgefühl lernt der Mensch »im Sturm der Zeit«: beim Erste-Hilfe-Einsatz in einem bundesdeutschen Bahnhofsviertel, bei einer Dresdner Podiumsdiskussion, auf Schulhöfen, an ausgefransten Stadträndern, in der U-Bahn, beim Verteilen von Kleidern an Flüchtlinge, an Kneipentresen, und und und.

~~~
~~~

Dass sich die Fähigkeit des Menschen, sein Herz auszuschalten, mannigfach in der Geschichte findet, ist bekannt. Die Grausamkeit Caesars, die den antiken Geschichtsschreibern mindestens genauso bewusst war wie seine Milde, hat schon Zeitgenossen erschaudern lassen. Die kaltblütige Art etwa, mit der er während seines Gallischen Krieges Frauen und Kinder abschlachten ließ. Auch Maximilien Robespierre schickte skrupellos einstige Freunde auf die Guillotine und zeigte seinem Hund Brount gegenüber, der ihn auf langen Spaziergängen begleitete, gleichzeitig ein ganz anderes, liebevolles Gesicht. Einfühlsam hier, Ungeheuer dort. Und schließlich kommt einem auch unausweichlich das monströse Verhalten jener Nazis in den Sinn, die tagsüber Menschen ermordeten und abends den liebenden, treusorgenden Familienvater gaben.

Mit der Tatsache solch menschlicher Grausamkeiten kommen wir im Allgemeinen schlecht zurecht, weil das zutiefst Böse unsere Vorstellungskraft übersteigt und unsere Welt aus den Fugen hebt. Deshalb erschüttern uns auch besonders brutale Verbrechen, und wir fragen uns, wo der letzte Rest Menschlichkeit geblieben ist.

Ein Verbrechen der schlimmsten Art verübte Anders Behring Breivik am 22. Juli 2011. Er zündete im Regierungsviertel von Oslo eine Autobombe, die acht Menschen tötet und setzte kurze Zeit später als Polizist verkleidet per Boot auf die Insel Utøya über, wo er ein Sommerzeltlager stürmt und auf Menschenjagd geht. Willkürlich richtet er 69 Menschen hin, die meisten Opfer sind Jugendliche. Eines der bekanntesten Fotos zeigt Breivik in einem Streifenwagen – lächelnd. Hans-Ludwig Kröber, einer der renommiertesten forensischen Psychiater Deutschlands, sagt, dieses leicht blöde Lächeln sei das typische eigentümliche außerweltliche Grinsen des Schizophrenen. »Da hat jemand das größte Unheil angerichtet und steht daneben, ohne eine emotionale Beziehung zu seiner Tat zu haben.«

Wird über solche Verbrechen in größerer Runde gesprochen, fällt manchmal der Satz, dass nicht einmal Tiere zu so einer Grausamkeit fähig wären. Doch das wiederum stimmt so auch nicht. De Waal erzählt in seinem Empathie-Buch die Geschichte von Schimpansen in einem afrikanischen Naturschutzgebiet. Die eine Hälfte der Tiere lebte im Norden, die andere im Süden. Zwei getrennte Gemeinschaften, die vorher fröhlich gespielt, gekuschelt, Fleisch geteilt und im Großen und Ganzen harmonisch zusammengelebt hatten. Trotzdem kämpften sie irgendwann erbittert vor den Augen geschockter Forscher um Territorien. Einstige Freunde tranken buchstäblich das Blut der anderen. Rangordnung, Geschlecht, Alter spielten keine Rolle. Niemand wurde verschont.

Irritierenderweise spielt Empathie beim Sadismus keine kleine Rolle. Der Sadist kann seine kranken Bedürfnisse und Leidenschaften nicht ohne ein gewisses Maß an kognitiver Empathie ausleben. Er benötigt sie, um sich in seine Opfer hineinzuversetzen, sie maximal quälen zu können. Das ist die dunkle Seite der Empathie, die nicht nur bei einem kannibalistischen Schöngeist wie Hannibal Lecter vorzüglich studiert werden kann. Der Literaturwissenschaftler Fritz Breithaupt, der über die »scheinbar unmenschlichen Dinge, die wir tun oder empfinden, nicht obwohl, sondern gerade weil wir Empathie haben«, ein Buch geschrieben hat, sagte in einem Interview: »Wenn man sich den Sadisten als einen Menschen vorstellt, der Schwierigkeiten mit der Empathie hat, aber durchaus Empathie empfinden will, dann will er andere Menschen einengen, manipulieren, um sie verstehen zu können. Wenn er jemanden quält oder bloßstellt, lächerlich macht, dann weiß er genau, wie der sich fühlt. Der fühlt sich nämlich schlecht, der fühlt sich bloßgestellt. Der leidet auch physisch ganz massiv. Aber genau das könnte dem Sadisten den Zugang zum anderen gewähren, denn in dieser Situation wird er verständlich.« Breithaupt beschreibt sadistische Empathie als Meisterung der eigenen Gefühle. Wie bei jedem anderen sozialen Gefühl sei anzunehmen, dass auch sadistische Empathie erworben und erlernt werde. Wie genau das funktioniert, darüber ist noch wenig bekannt.

Alltägliche Beispiele für eine milde Form des empathischen Sadismus, die jeder von uns mehr oder weniger häufig am eigenen Leib im Beruf oder in Beziehungen erlebt oder einfach nur mitbekommt, sind Demütigung, Herabsetzung, Bloßstellen und Hinters-Licht-Führen. Man denke an den Typus Chef, der mit unverhohlenem Spaß seine Untergebenen in Konferenzen erniedrigt. Der sich lächelnd an den vor Angst und Scham rot werdenden Gesichtern ergötzt. Oder an den vermeintlich Liebenden, dessen Freundin das Schaufenster einer Luxusboutique betrachtet, während er ihr spöttisch zuraunt: »Das ist nicht deine Preisklasse«. Im Internet erfreuen sich sogenannte Pranks großer Beliebtheit. Bei den kurzen, bösen Filmen spielen die Prankster meistens x-beliebigen Personen fieseste Streiche, täuschen grausame Verbrechen, Suizide und andere Abscheulichkeiten vor. Zum Beispiel dieser Prank: In Flensburg, es ist mitten in der Nacht, und eine junge Frau ist unterwegs nach Hause, kriecht plötzlich ein blutüberströmter Mann hinter einer Hecke hervor. Nur Sekunden später taucht noch ein, ebenfalls blutüberströmter Mann auf. Er trägt eine weiße Maske und fuchtelt mit einer knatternden Kettensäge herum. Panisch flieht die Frau, stürzt, verletzt sich. Die Angst der Opfer ist der Lohn der im Netz um Aufmerksamkeit heischenden Prankster. Pranks sind längst ein Massenphänomen, millionenfach werden die Filme geklickt, gelikt und weitergeleitet.

Das alles zeigt, dass man die dunklen Seiten der Empathie unbedingt im Gedächtnis behalten sollte, um nicht in Versuchung zu geraten, die Fähigkeit des Einfühlens zu verklären und zu glauben, Empathie an sich sei schon ein geeignetes Mittel gegen gesellschaftliche Verrohung, Fremdenhass, Egoismus oder Abschottung. Wäre dem so und die von dem Autor Jeremy Rifkin einst enthusiastisch ausgerufene »empathische Zivilisation« Wirklichkeit, wir lebten im Paradiese. Empathie ist erst einmal weder etwas Gutes noch Schlechtes. Entscheidend ist, wie wir sie einsetzen und ob es uns gelingt, sie in Mitgefühl und damit in tatkräftiges Handeln zu verwandeln.

Zu gähnen, wenn andere gähnen, sollte man übrigens nicht als große empathische Geste missdeuten. Emotionale Ansteckung ist nicht per se Empathie. Sie kann allerdings als eine basale Struktur der Transparenz und Transferenz verstanden werden, die entwicklungsgeschichtlich Empathie möglich macht: Wir sind für die Befindlichkeiten anderer empfänglich.

Nicht nur der Ansteckungseffekt des Gähnens zeigt die enorme Macht des tief in uns verankerten unbewussten Synchronismus. Er beruht auf der Fähigkeit, den eigenen Körper auf den eines anderen zu projizieren und sich dessen Bewegungen zu eigen zu machen – wie das Gähnen.

An der Universität von Kyoto zeigten Forscher Laboraffen Videos von frei lebenden Schimpansen, die permanent gähnten, und es dauerte nicht lange, bis dies auch die Laborschimpansen taten. Frans de Waal und seine Kollegen gingen noch weiter. Sie führten einer Schimpansengruppe einen Trickfilm mit einem animierten Affenkopf vor, der sein Maul weit aufriss und gähnte – jedenfalls interpretierten es so auch die zusehenden Schimpansen und gähnten ebenfalls.

Der Überlebenswert von Synchronismen liegt auf der Hand. Befände man sich in einem Vogelschwarm und einer der Artgenossen flöge auf, dann sollte man es ihm besser gleichtun, sonst ende man womöglich als Mahlzeit, so de Waal. »Das Individuum, das sich nicht dem allgemeinen Verhalten angleicht, ist im Nachteil wie der Reisende, der nicht auf die Toilette geht, wenn der Bus an einer Raststätte hält.«

Besonders erstaunlich, ja kurios ist die körperliche Nachahmung dann, wenn sie Artgrenzen überschreitet. De Waal berichtet von einer Studie, in der Delfine ohne spezielles Verhaltenstraining Menschen am Beckenrand nachahmten. Wedelte ein Mann mit seinen Armen, wedelten die Delfine mit ihren Brustflossen. Hob ein anderer sein Bein, hoben die Delfine die Schwänze aus dem Wasser. Eine erstaunliche Körperkorrespondenz hat sich auch in de Waals Freundeskreis ereignet. Die Hündin eines Freundes begann wenige Tage, nachdem ihr Herrchen sich ein Bein gebrochen hatte und einen Gips tragen musste, ihr eigenes Bein hinter sich herzuziehen. Bei Herrchen und Hündin handelte es sich jeweils um das rechte Bein. Als der Mann gipsfrei war, humpelte auch die Hündin nicht mehr.

~~~

Im Internet wird bekanntlich viel Hass produziert. Gleichzeitig hat das Netz die Kraft, gigantische Empathiewellen auszulösen. Allerdings gelten, sofern man das zum Handeln animierende Mitgefühl der Masse erfolgreich wecken möchte, andere als die aus der Offlinewelt vertrauten Regeln. Zu wissen, welche Mitgefühlsmechanismen greifen, hilft, nicht in die Manipulationsschleife zu geraten und einen halbwegs klaren Kopf zu bewahren.
~~~

Dazu eine Geschichte: Im Mai 2016 klettert ein kleiner Junge im Zoo von Cincinnati über die Absperrung des Gorillageheges und fällt fünf Meter tief in den Wassergraben. Der bereits in die Jahre gekommene Silberrücken Harambe, ein massiges, Respekt einflößendes Tier, nähert sich neugierig dem Jungen. Plötzlich packt Harambe ihn am Bein, zieht ihn durchs Wasser und stellt ihn wieder auf seine Füße. Verhaltensforscher beschrieben dies später als typisches Spielverhalten. Im Netz kursieren Videos, auf denen man die Schreie der Mutter und anderer Zoobesucher hört. Harambe wird schließlich erschossen. Für den Jungen geht die Sache glimpflich aus, er trägt nur leichte Verletzungen davon. Der Aufschrei im Netz ist enorm, weltweit empören sich Internetnutzer über die Mutter, die ihr Kind aus den Augen gelassen hat, und die Mitarbeiter des Zoos, die Harambe in den Tod schickten. Herzlos, kaltblütig. Es entspinnt sich eine Debatte über Tierhaltung in Zoos, über die Frage, ob Zoos überhaupt ethisch vertretbar sind angesichts der Qual für die Tiere zum Amüsement der Besucher. Es sah ganz danach aus, als hätte Harambes Tod schlagartig unzähligen Tierliebhabern die Augen dafür geöffnet, dass Zoos Schattenseiten haben.

Die Geschichte ist zweifelsohne tragisch, die hysterischen, maßlosen Reaktionen auf das Schicksal des Silberrückens im Netz irritieren trotzdem. Ein Artikel in der *Huffington Post* zieht Parallelen zum Fall des Löwen Cecil, den ein Zahnarzt und Hobbygroßwildjäger aus Minnesota in Simbabwe erlegt hatte, nichts ahnend, dass es sich bei Cecil nicht nur um das bekannteste Tier des Hwange-Nationalpark handelte, sondern dass es zudem mit einem GPS-Halsband ausgestattet war, das Forschern der Universität Oxford Daten lieferte. Der Jäger hätte gar keine konfliktträchtigere Beute auswählen können.

Der Großwildjäger wurde jedenfalls so stark angefeindet, dass er eine Zeit lang untertauchen musste, als wäre er ein Schwerverbrecher. Man muss wirklich kein Verständnis für die Großwildjagd aufbringen, geschweige denn, ihr etwas Gutes abgewinnen, um den Mann aus Minnesota ein bisschen zu bemitleiden. Wilderei ist nicht erst seit Cecil ein Verbrechen. Die illegale Jagd bedroht seit Jahrzehnten die gesamte Löwenpopulation. »Warum brauchte es den Tod eines Löwen, damit wir anfangen konnten zu reden?«, fragt der Kommentator in der *Huffington Post*. Schätzungsweise siebenhundert

Flüchtlinge seien in der Woche von Harambes Tod bei der Überquerung des Mittelmeers ums Leben gekommen. Doch darüber, so der Autor, wurde weder umfassend in den Medien diskutiert noch sich öffentlich empört. »Wir waren alle zu sehr damit beschäftigt, miteinander darüber zu streiten, wie man einen Zoo richtig betreibt.«

Psychologisch ist das wenig verwunderlich: Der Zoo ist für viele Menschen Teil der eigenen Erlebniswelt, während die sich im Mittelmeer abspielenden Dramen eher ignoriert oder verdrängt werden. Hinzu kommen die Dauerbeschallung mit Nachrichten, unsere gesunkenen Aufmerksamkeitsspannen, und, ja, wohl auch eine gewisse Abgestumpftheit. Ein ungewöhnliches Unglück aber wie jenes, das sich im Zoo von Cincinnati ereignete, lässt uns aufhorchen.

Dass das in sozialen Medien zelebrierte Mitgefühl in allererster Linie dem erschossenen Harambe galt und weniger dem durch den Wassergraben gezogenen Jungen, auch dafür gibt es eine Erklärung. Den sogenannten *deserving mechanism*: »Das Kind ist der Verursacher der Situation, und am Ende ist ihm auch gar nichts passiert. Das Opfer ist der Gorilla«, sagt die Neuropsychologin Grit Hein. »Hinzu kommt, dass der Gorilla ja nicht freiwillig im Zoo lebt, er wurde dorthin gebracht, gewissermaßen aus seinem natürlichen Lebensraum entführt. Er ist es also, der unser Mitleid verdient – sehr viele Studien beschreiben diesen Mechanismus, der absolut zuverlässig Empathie erhöht. Daher rührt die Solidarisierung mit dem Gorilla.«

Harambe & Co. illustrieren lehrbuchhaft die Dynamiken des Netzes. Das gegenseitige Auf- und Hochschaukeln läuft jeder Angemessenheit zuwider. Gleichzeitig produziert diese Form des Gefühlsüberschwangs manchmal märchenhafte Geschichten wie diese:

James Robertson, Mitte fünfzig, war ein armer Mann aus Detroit. Zehn Jahre lang, fünf Tage pro Woche, bewältigte er bei Wind und Wetter einen mehr als dreißig Kilometer langen Fußmarsch zur Arbeit und zurück, der ihn durch manch gefährliche Gegend führte. Seit sein alter Honda den Geist aufgegeben hatte, war ihm nichts anderes übrig geblieben. Weder für ein neues Auto noch für einen Umzug in die Nähe der Fabrik, in der er arbeitete, reichte das Geld. Die Busverbindungen waren eine

Katastrophe. Er schlief nachts nur noch wenige Stunden und trank literweise Cola, um wach zu bleiben. Eines Tages beschloss ein Student, James Robertson, auf dessen Geschichte er in der *Detroit Free Press* gestoßen war, zu helfen. Auf der Crowdfunding-Plattform GoFundMe erzählte er von Robertsons täglichen Märschen, veröffentlichte ein Foto des »Walking Man« und rief die Netzgemeinde zum Spenden auf. Ziel war es, Robertson ein Auto zu finanzieren. Mehr als 13 000 Menschen spendeten. Nach zehn Monaten waren 350 000 Dollar zusammengekommen. Robertson hatte nicht nur ein neues Auto, er hatte ein neues Leben.

Bei GoFundMe schrieb der irritierte Initiator der Kampagne, er habe sich, als er die Seite für Robertson erstellte, gefragt, wer überhaupt irgendeinem Neunzehnjährigen Geld spenden soll, damit der einem Kerl ein Auto kauft? Offenbar hatte er die Kraft der Geschichte unterschätzt. Nächstenliebe heißt in Zeiten sozialer Medien manchmal, Schicksal zu spielen: Irgendjemand stößt irgendwo auf einen Menschen, eine Familie, auf eine Geschichte oder auch nur auf ein Bild, das ihn erschüttert. Daran, dass wir von einer Sekunde auf die nächste so bewegt sein können, dass wir helfen wollen, ist ja erst einmal nichts auszusetzen, im Gegenteil.

Bei dem Isländer Gissur Simonarson war es im Sommer das Bild eines Mannes, der seine vollkommen erschöpfte Tochter auf dem Arm trug und versuchte, in Beiruts Straßen eine Handvoll Kugelschreiber zu verkaufen. Simonarson, der den Mann nicht kannte, fotografierte ihn und postete das Bild bei Twitter. Es zeigt nicht nur einen Menschen, der Stifte verkauft, sondern einen Mann, der um sein Leben und das seines Kindes zu flehen scheint. Simonarson initiierte gemeinsam mit einer libanesischen Journalistin eine Spendenaktion, die Abdul Halim al-Attar, dem Syrer und Vater zweier Kinder, aus heiterem Himmel 200 000 Dollar bescherte. »I think that this campaign proves that humanity is not lost just yet«, twitterte Simonarson. »Die Menschlichkeit ist noch nicht verloren gegangen.«

Noch eine Geschichte: Der kleinwüchsige, mehrfach behinderte Rentner Alan Barnes aus Gateshead im Nordosten Englands wurde vor seiner Haustür zusammengeschlagen und ausgeraubt. Er erlitt einen Schlüsselbeinbruch und traute sich nicht mehr zurück in seine Wohnung. Die einundzwanzigjährige Katie Cutler las in der Zeitung von Barnes' Schicksal, initiierte eine Spendenaktion bei GoFundMe und sammelte umgerechnet etwa 440 000 Euro für Barnes ein. Es folgte ein tränenreiches, von Fotografen dokumentiertes Treffen zwischen dem Überfallopfer und der Kosmetikerin. Auf einem der vielen im Internet kursierenden Fotos halten Katie Cutler und Alan Barnes einen gigantischen Scheck in der Hand, dreimal so groß wie Barnes selbst, auf einem anderen sitzt Barnes verloren in seinem neuen, noch kahlen Domizil, das er sich von dem Geld gekauft hat.

Privat initiierte Charity-Aktionen boomen im Internet seit Jahren. Sie bieten Spendern etwas, das offizielle Wohltätigkeitsorganisationen mit etablierten Strukturen und langjähriger Erfahrung nicht bieten und was offensichtlich für viele im Zeitalter ständiger Vernetzung sehr wichtig ist: die Möglichkeit, per Liveticker zu verfolgen, wie sich das Geld für eine Person oder das Projekt der Wahl summiert. Man wird Zeuge, wie Schwarmfinanzierung in kürzester Zeit Leben verändert. Je herzzerreißender die Einzelschicksale sind, desto besser – das gilt online wie offline. Wir spenden eher für einzelne Menschen als für eine große Gruppe, weil wir mit einzelnen Menschen stärker mitfühlen, während eine zu große Zahl vom Unglück Betroffener schnell ein Fall für die Statistik wird. Forscher fanden heraus, dass wir bereit sind, mehr zu geben, wenn wir von hundert Menschen achtzig retten können als zweihundert Menschen von tausend.

Früher warben große Hilfsorganisationen am liebsten mit traurigen Fotos hungernder Kinder, die dürre Ärmchen und Beinchen und aufgeblähte Bäuche hatten und einen aus großen, traurigen Augen anschauten. Inzwischen lächeln die Babys, Kleinkinder, Mädchen und Frauen von den Plakaten, die um Spenden werben, weil man festgestellt hat, dass ein hoffnungsfrohes Bild beim Betrachter das Gefühl auslöst, nicht komplett machtlos zu sein, sondern die Welt tatsächlich verändern zu können. Das Netz hingegen ermöglicht, dass Reiz und (Spenden-) Reaktion extrem nah beieinanderliegen.

Eine Studie amerikanischer Forscher, die das Spenden über soziale Netzwerke untersucht hat, kommt zu dem Ergebnis, dass über die Schilderung eines Einzelschicksals hinaus Kriterien, die bei klassischen Wohltätigkeitsorganisationen ins Gewicht fallen, für die Spendenbereitschaft im Netz so gut wie keine Rolle spielen: Faktoren wie Größe der Organisation, Reputation, Effizienz und Transparenz. Die Frage, inwiefern hinter einem Aufruf tatsächlich sinnvolle und nachhaltige Hilfe steht und ob die erzählte Geschichte wahr ist, rückt bei GoFundMe, Kickstarter.com und Co. in den Hintergrund. Der *social network effect* steht für impulsgetriebene Hilfe. Ob eine Aktion die erhoffte Wucht entfaltet oder nicht, hängt vor allem damit zusammen, wie stark der Initiator digital vernetzt ist, wie viele seinen Aufruf auf Twitter weiterverbreiten oder auf Facebook teilen und liken. Bei James Robertson, Abdul Halim al-Attar und Alan Barnes waren es Tausende. Die Beispiele zeigen, dass die Unterscheidung zwischen »Wir« und »Die« plötzlich (es geht um schnelles, einmaliges Handeln) keine Rolle spielt.

Was aber ist aus Robertson, Barnes und Halim al-Attar, die alle drei ein neues Leben geschenkt bekommen haben, eigentlich geworden?

Der ehemalige »Walking Man« James Robertson musste unter Polizeischutz umziehen. Er, für den sich früher niemand interessierte, war plötzlich berühmt. Journalisten und Lokalpolitiker rissen sich um ihn. Sein Leben nahm Züge einer Realityshow an. Die Geschichte von Robertson im Glück hatte sich nicht nur in Windeseile verbreitet, der Geldsegen hatte auch Begehrlichkeiten geweckt. Die Menschen, die vor Robertsons Tür auftauchten, waren nicht nur Freunde.

Alan Barnes hat sein neues Haus, das nie ein richtiges Zuhause geworden ist, nach wenigen Monaten wieder verkauft. Zwischendurch plante der Rentner, auf die Shetlandinseln zu ziehen, weil, so sagte er einem Reporter, Gott ihn gerufen habe. Doch dem Ruf folgten keine Taten. Barnes hat ein Haus in Gateshead gefunden, mit einem kleinen Garten, von dem er glaubt, sich darin wohlzufühlen. Als Katie Cutler in finanzielle Schwierigkeiten geriet, weil sie eine PR-Agentur engagiert hatte, die ihr eine Rechnung über umgerechnet mehrere Tausend Euro ausstellte, half ihr Alan Barnes nicht aus der Klemme. Einem Reporter gegenüber schlug er Crowdfunding vor. Er selbst sei bereit, eine kleine Summe beizusteuern: zehn Pfund.

Der Gedanke, dass Barnes ein habgieriger, geiziger alter Mann ist, liegt nahe. Aber ist er wirklich verpflichtet, Katie Cutler zu helfen, oder ist es nicht fairer, wie er selbst sagt, dass er Geld, das fremde Menschen ihm gespendet hätten, für sich behält?

Und Abdul Halim al-Attar? Der Syrer betrieb zwischenzeitlich drei Geschäfte in Beirut – eine Bäckerei, einen Kebabladen und ein Restaurant, in denen er Flüchtlinge beschäftigte. Mit seinen zwei Kindern zog er in eine neue Wohnung. Dann übernahm er sich, ging pleite und musste die Geschäfte schließen. Mit seinen Gönnern geriet er in Streit, weil die Aktivisten nicht die komplette gesammelte Summe überweisen konnten und, nachdem er seine Geschäfte an die Wand gefahren hatte, auch nicht mehr überweisen wollten. Abdul Halim al-Attar aber bestand auf sein Geld.

~~~
~~~

Dass der Blick ins Gesicht des anderen, dass der Versuch, darin zu lesen, für eine gutes, offenes Miteinander wichtig ist, wurde hier schon mehrfach erwähnt. Nun soll es darum gehen, was genau das eigentlich heißt. Zum Aufbrechen verhärteter Fronten gehört ja auch, den eigenen Blick zu schulen, ihn zu schärfen und zu versuchen, das, was sich im Gesicht des Gegenübers abspielt, besser zu verstehen.

Als Navid Kermani der Staatspreis des Landes Nordrhein-Westfalen verliehen wurde, hielt er, der sich hinauswagt aus der Komfortzone, der in von Terror, Krieg und Not gebeutelten Gebieten unterwegs ist und darüber berichtet, eine berührende Rede über das, was im Leben zählt. Und er machte deutlich, wie wichtig in Zeiten des Terrors, des Rechtspopulismus und der Kriege im Süden und Osten Europas die Erinnerung daran sei, »dass auch der Gegner oder einfach nur der Fremde aus einem Krankenhaus treten könnte, in dem sein Vater im Sterben liegt.«

An Gesichtern herrscht in unserem Alltag jedenfalls kein Mangel; wir sind von ihnen umstellt. Immerfort und überall begegnen wir ihnen: Wir sehen in vertraute

Gesichter von Eltern, Geschwistern, Freunden, Kollegen. Wir sehen Fotos von Politikern, von Sportlern, Models, Stars und gewöhnlichen Menschen, im Fernsehen, im Internet, in Zeitungen und Magazinen, an Plakatwänden. Die allermeisten Gesichter des Alltags sind fremde Gesichter. Sie rauschen in zahllosen flüchtigen Momenten an uns vorbei – und wir an ihnen. Wir mögen sie sehen, doch blicken wir sie auch an? Und falls ja, was sehen wir eigentlich?

Hans-Ludwig Kröber, Experte darin, »Fremdseelisches« zu entschlüsseln und Prognosen für Straftäter zu erstellen, macht in einem Aufsatz klar, wie entscheidend das genaue Hinsehen ist, die möglichst präzise Wahrnehmung dessen, was der andere uns an Anschauungsfläche bietet, seine Mimik, Gestik, Körperhaltung. Wie blickt jemand in die Welt? Wie bewegt, wie kleidet er sich, und was ist einem als Erstes ins Auge gestochen? »Wir sehen immer *auf* den anderen und das, was er uns an Material gibt, und wir sehen auf den anderen stets als einen Akteur, nicht nur als festgezurrtes Objekt«, so Kröber. Ein Bild aber gewännen wir so recht erst, wenn wir uns daranmachten, den anderen zu beschreiben und zwar genauer, als es Danton in Büchners *Dantons Tod* tut. Dort sagt Dantons Geliebte Julie einmal: »Du kennst mich!«, darauf Danton: »Ja, was man so kennen heißt. Du hast dunkle Augen und lockiges Haar und einen feinen Teint und sagst immer zu mir: lieber Georg! Geh, wir haben grobe Sinne. Einander kennen? Wir müssten uns die Schädeldecken aufbrechen und die Gedanken einander aus den Hirnfasern zerren.«

Von allen Straftätern, die Hans-Ludwig Kröber begutachtet, macht er Fotos. Beim Schreiben des Gutachtens helfen ihm diese Fotos, sich die Gesprächssituation zu vergegenwärtigen. Manchmal, wenn er sich die Fotos ansehe, falle ihm etwas auf, was er während des Gesprächs vielleicht noch nicht bemerkt hat. Zum Beispiel die Kälte in einem bestimmten Gesichtsausdruck. Kröber weiß, dass es sich nur um eine Momentaufnahme handelt, aber sie spielt eine Rolle für das Gesamtbild. An einem Schrank in seinem Büro hängt ein ausgeschnittenes Zeitungsfoto. Es zeigt Dylann Storm Roof, der 2015 während eines Gottesdienstes in einer Kirche in Charleston neun Afroamerikaner hinrichtete. Man sieht einen jungen Mann, der so finster und hasserfüllt dreinblickt, dass es einem kalt den Rücken runterläuft.

Früher hat man sich, wenn man irgendwo warten musste, auf die Bahn etwa, zum Zeitvertreib die Gesichter der Umstehenden genauer angesehen. Man hat Fremde beobachtet und sich überlegt, wer wohl welchen Beruf habe, wer zufrieden wirke, wer verärgert, wer traurig, wer froh. Ob die Frau mit dem heruntergezogenen Mundwinkel vor einem in der Supermarktschlange einsam ist oder nur schlecht drauf, weil sie warten muss. Oder ob die geröteten Wangen des ungeduldigen Mannes hinter einem von der Hitze kommen oder einen Zornausbruch ankündigen. Das Mienenspiel, die stumme Sprache des Geistes, jene mehr oder weniger feinen Nuancierungen in fremden Gesichtern zu interpretieren, das war ein beliebtes Spiel. Wer könnten die anderen sein? Das ist eine wichtige Frage, und zwar ganz unabhängig davon, wie nah die eigene Interpretation der Wahrheit kommt, denn darum geht es gar nicht. Und heute? Heute blicken wir nur noch selten in die Gesichter anderer, sondern tippen auf unserem Smartphone herum, surfen, spielen *Angry Bird*, lesen Mails, verschicken Mails. Damit füllen wir die zu überbrückende Zeit. Hauptsache, man kommt niemandem zu nah.

Inzwischen wird ja ganz selbstverständlich während des Gehens getippt. Weil das gefährlich ist, hat die Stadt Augsburg 2016 an zwei Straßenbahnhaltestellen Bodenampeln installiert, die Smartphone-Nutzer per LED-Leuchte vor dem Verkehr warnen, eine technische Innovation, die Städte weltweit übernommen haben und die viel darüber verrät, worauf wir uns im Alltag konzentrieren. Nach dem Weg fragt seit Google Maps im Grunde auch keiner mehr.

Der ehemalige Erzbischof von Canterbury, Rowan Williams, ein Mann, der von Berufs wegen viel mit Empathie zu tun haben sollte, sagte einmal: »Es gibt keine Abkürzung in das fremde Herz des Nachbarn«. Er wunderte sich über die naive Leichtgläubigkeit, die Einfalt, die uns glauben macht, wir würden uns im Geiste des anderen gut auskennen. Manchmal ertappt man sich ja im Boot mit jenen sitzend, die sich ständig ein Bild machen. Die zu wissen glauben, was Freunde oder Kollegen im Innersten umtreibt, was sie erfreut, verärgert, wütend oder traurig macht. »Ich seh's dir an der Nasenspitze an«, sagt man. Für die Gesichtszuckungen des Kollegen, für den missmutigen Blick der Nachbarin (wenn wir ihn denn wahrnehmen), hat man viel zu schnell eine Interpretation, eine Erklärung parat. Die Mimik verrät jeden. Glauben wir. Aber das tut sie nicht.

Ob es sich um die langjährige Nachbarin oder einen Geflüchteten handelt, spielt eine untergeordnete Rolle. Wir tappen oft im Dunkeln, wenn es darum geht, uns in die Stimmungswelt unseres Gegenübers einzufühlen.

Nehmen wir das berühmteste Gesicht der Welt: das der Mona Lisa. Ist sie glücklich? Nun, sie lächelt zumindest. Aber was bedeutet so ein Lächeln schon? Vielleicht ist sie in Wahrheit unglücklich und denkt nur kurz an etwas Schönes, das ihr Herz erwärmt und sie zum Lächeln bringt. Ist es ein seliges Lächeln? Ein schüchternes? Ein unsicheres, entzücktes, schelmisches, ironisches, überhebliches, sanftes? Das Geheimnis des berühmten Lächelns der Mona Lisa, auch »La Gioconda« (»die Heitere«), treibt nicht nur Kunsthistoriker seit Jahrhunderten um; auch Psychologen, Literaten, Neurowissenschaftler, Laien haben über Mona Lisas Gemütszustand wild spekuliert – daran hat sich bis heute nichts geändert. Was ist nicht alles hineininterpretiert worden in dieses Gesicht. Der französische Historiker Jules Michelet erblickte darin eine Art hypnotisierende

Bosheit, sein englischer Kollege Walter Pater hingegen war von Mona Lisas geheimnisvoller Aura hingerissen, und der Schriftsteller Théophile Gautier, der große Skandalautor und Theaternarr, schrieb von einem »schlangenhaften Mund« voll giftiger Sinnlichkeit. Dass in diese Mona Lisa derart unterschiedliche Gemütszustände hineinprojiziert und ihr Gefühle zwischen Hass und Liebe angedichtet werden, erklären Kunstexperten mit einer speziellen Maltechnik, Sfumato genannt, bei der Leonardo da Vinci bestimmte Stellen mehrfach mit annähernd durchsichtigen Farben übermalt hat. Dadurch verschwimmen sie, als würden sie hinter einem Dunstschleier liegen. Der Porträtierten verleiht das etwas Geheimnisvolles, Unberechenbares.

Um Mona Lisas Lächeln zu entschlüsseln, zogen Wissenschaftler der Universität Amsterdam 2005 ein neues Emotionserkennungsprogramm zurate, das anhand von Schlüsselmerkmalen wie Lippenwölbung und Fältchen um die Augen angeblich sechs menschliche Basisemotionen erkennen kann. Der nüchterne Befund: Mona Lisa war zu 83 Prozent glücklich, zu 9 Prozent empört, zu 6 Prozent ängstlich und zu 2 Prozent zornig.

Bereits ein Jahr vorher beschäftigten sich Neurowissenschaftler vom Smith-Kettlewell Eye Research Institute in San Francisco in der Studie »What makes Mona Lisa smile?« mit Leonardos Gemälde. Sie veränderten bestimmte Partien durch einen Schleier, den man sich am besten als eine Art Fernsehflimmern vorstellt. Die Probanden sollten dann Mona Lisas Lächeln in die Kategorien »traurig«, »ein wenig traurig«, »ein wenig fröhlich« und »fröhlich« einordnen. Um herauszufinden, wie wichtig das Zusammenspiel von Augenpartie und Mund beim Lesen von Emotionen ist, wurde jeweils nur die untere oder die obere Hälfte des Bildes verändert. Überraschend war: Allein die Mundpartie entschied darüber, welche Emotionen die Betrachter Mona Lisa zuordneten – Veränderungen der Augen hatten keinen Effekt. Wenn sich die Krümmung der Mundwinkel änderte, glaubten die Probanden häufig, die Augenpartie habe sich ebenfalls verändert. Der Studie zufolge weist die statistische Analyse darauf hin, dass lediglich die Mundwinkel »konsistent in Verbindung stehen« mit emotionalen Ausdrücken, die zwischen den Polen Glück und Trauer angesiedelt sind. Das habe sie erstaunt, so die Forscher, gelten doch die Augen gemeinhin als »Fenster zur Seele«. »Dieses Ergebnis bedeutet nicht, dass die Augen bei der Wahrnehmung menschlicher Emotion keine Rolle spielen. Sie könnten als emotionaler Verstärker für einen Ausdruck dienen, dessen Stimmung durch den Mund bestimmt wird.«

Das alles ist nur ein Beispiel dafür, wie subtil unser Mienenspiel eigentlich ist und wie unterschiedlich wir Gesichtsausdrücke interpretieren.

Ein echtes Lächeln erkennt man übrigens daran, dass sich nicht nur die Mundwinkel nach oben bewegen, sondern auch der Muskel um die Augen aktiviert wird und sich kleine Fältchen bilden. Es zu fälschen, ist so gut wie unmöglich. Die Anstrengung, die das aktive Zusammenspielen der verschiedenen Gesichtspartien bedeutet, fällt sofort auf. Unsere emotionale Anmutung, unser sichtbarer Gefühlsausdruck entzieht sich unserer Willenskraft. Obwohl ausgebildete Schauspieler natürlich alles daran setzen, uns glauben zu machen, ihre Gefühle seien echt.

Das Dresdner Hygienemuseum zeigte 2017/18 die viel gelobte Ausstellung »Das Gesicht. Eine Spurensuche« und veranstaltete ein begleitendes Symposium. Im Zeitalter der Globalisierung, hieß es in der Ankündigung, scheint Empathie als grundlegende Kompetenz menschlichen Miteinanders gefragter denn je: »Nur wer die Erfahrungen und Herausforderungen eines fremden Lebens verstehen und dessen Bedürfnisse nachempfinden kann, wird die Konfrontation mit kulturellen und sozialen Divergenzen ein- wie wertschätzen können.« In einem eindrucksvollen Vortrag beschrieb die Psychoanalytikerin Marianne Leuzinger-Bohleber vom Sigmund-Freud-Institut Frankfurt, was wir im Gesicht von Geflüchteten sehen – oder eben nicht sehen, weil unser Unterbewusstsein den Blick lenkt. Seit 2015 in Darmstadt die Erstaufnahmeeinrichtung »Michaelisdorf«, eine Zeltstadt für achthundert Flüchtlinge, errichtet wurde, verbringt Marianne Leuzinger-Bohleber wöchentlich einen Tag vor Ort. Sie spricht mit Menschen, die alles verloren, die unbeschreibliche Traumatisierungen erlebt haben, deren Zeit- und Identitätsgefühl aus dem Takt geraten sind. Die existenzielle Erschütterung des Selbst- und Weltbilds, der Zerfall des eigenen Ichs, spiegelt sich auch im Gesicht vieler Geflüchteter wider.

Ihr Gesicht ist erstarrt. Man spricht vom *frozen face.* »Die Kommunikation der Entwurzelten mit sich selbst und anderen ist zum Erliegen gekommen, die Seele stellt sich tot«, sagt Marianne Leuzinger-Bohleber. Das wie gefroren anmutende Gesicht befinde sich in einer Schockstarre. Genauso wie wir jede noch so winzige Regung, jedes Zucken des Mundes, jedes Heben der Augenbraue, jedes Lächeln gnadenlos registrieren (und interpretieren), registrieren wir auch das erstarrte *frozen face* – und wenden uns aus Furcht reflexhaft ab. Vom Trauma der anderen möchten wir nichts wissen. Denn es weckt bei uns selbst unbewusste Assoziationen mit extremen Erfahrungen, konfrontiert unser Inneres mit Todesangst, Hilflosigkeit und Ohnmacht. »Diesem Impuls«, argumentiert Marianne Leuzinger-Bohleber, »müssen wir gegensteuern, um uns traumatisierten Flüchtlingen und Migranten überhaupt empathisch zuwenden zu können.« Ohne diese Zuwendung, ohne das geübte Lesen im fremden Gesicht, ohne den ernsthaften Versuch einzuordnen, was die Face-to-Face-Begegnung in uns und unserem Gegenüber eigentlich auslöst, kann es nur ein stumpfes Nebeneinanderherleben geben.

1975 führte der Bostoner Psychologe Edward Tronick zum ersten Mal das inzwischen gleichermaßen berühmte wie verstörende Still-Face-Experiment durch. In einer Face-to-Face-Situation mit ihren kleinen Kindern hatten Mütter die Vorgabe, ihre mimische Kommunikation für einige Minuten komplett einzustellen. Die Kinder blickten also in ein neutrales, völlig unbewegtes Gesicht. Die irritierten Kinder versuchten, durch eine übermäßige Mimik eine Reaktion bei den Müttern hervorzurufen – vergeblich. Sie wurden immer unruhiger, quengelten und weinten schließlich. Das unbewegliche Gesicht der Mutter ist der Albtraum des Kindes. »Still Face«, schreibt die Kulturwissenschaftlerin Sigrid Weigel, sei heute das Paradigma einer mangelnden affektiven Resonanz, die zu psychischen Störungen führen könne, von emotionaler Unsicherheit bis zum Autismus. »Während der ersten zwei Lebensjahre bildet die Face-to-Face-Interaktion die Grundlage nicht nur für das Erlernen der mimischen Sprache, sondern für die Entwicklung des Kindes zu einem emotionalen, empathiefähigen Wesen überhaupt.« Erst über das Mienenspiel und die Stimme des Gegenübers lerne das Kind seine emotionalen Zustände zu unterscheiden und sich als affektives Selbst wahrzunehmen. Für die

Verknüpfung von körperlichen Empfindungen und Gefühlen spielt die Mimik eine entscheidende Rolle. Sie macht uns erst so richtig bewusst, wer wir sind oder sein können.

~~~

Dieser Fall hier ist schon kurios: Etwa zweihundert Mal ließ sich die Berliner Ausländerbehörde zwischen 2015 und 2017 von einer gerissenen Bande hinters Licht führen, die mithilfe gefälschter Dokumente und fingierter Ehen Nigerianern eine sogenannte EU-Aufenthaltskarte beschafft hat. Besonders dreist war, dass ein und dieselbe Person – eine Portugiesin – offenbar sieben Mal bei der Behörde vorstellig wurde und – unter jeweils anderem Namen – einen Antrag für ihren Mann aus Nigeria stellte.

Bei fremdländischen Gesichtern geben wir uns eher weniger Mühe bei der Wahrnehmung. Extrem ist es bei Asiaten, die für Nichtasiaten oft »alle gleich aussehen«; weil unser Auge an das Asiatische nicht so sehr gewöhnt ist, greift der Reflex, alles in einen Topf zu werfen – Cross-Race-Effect genannt. Der wurde übri-
~~~

gens bei verschiedenen Gruppen jeweils in beide Richtungen nachgewiesen. Warum ist das so? Weil, so der Psychologe Jürgen Kaufmann von der Universität Jena, die visuellen Unterscheidungsmerkmale für europäische und asiatische Gesichter andere seien. »Menschen lernen im Laufe ihrer Entwicklung, mittels welcher Merkmale sie verschiedene Gesichter auseinanderhalten können und mittels welcher eher nicht.« Man geht davon aus, dass sich im Verlauf dieses Lernprozesses eine Art mehrdimensionaler Gesichter-Raum im Gehirn bildet. Jede Dimension stellt in diesem Raum ein Erkennungszeichen dar, das bei der Unterscheidung von Gesichtern hilft. Die Folge: »Für die Gesichter anderer Ethnien passt also das Gelernte nicht.«

Bei der Einordnung fremdländischer Gesichter nehmen wir schnell erkennbare Eigenschaften wie die Hautfarbe oder die Augenform wahr. Erst dann, wenn überhaupt, nutzen wir sämtliche uns zur Verfügung stehende Informationen – Haarfarbe, Augenfarbe, Nasenform, Hautbeschaffenheit etc. Europäer gehen dabei anders vor als Asiaten und fixieren zuerst vor allem Augen und Mund, während sich Asiaten eher den Bereich zwischen den Augen vornehmen.

Beim Lernen von Gesichtern, sagt Kaufmann, gebe es außerdem eine Verschiebung der Relevanz äußerer – wie etwa Ohren, Kopfform und Frisur – und innerer Attribute – wie etwa Augen, Nase, Mund. »Bei unbekannten Gesichtern sind die innen liegenden Merkmale verhältnismäßig schlechter repräsentiert, und wir verlassen uns stärker auf die äußeren.« Das erklärt, warum es einem manchmal so schwerfällt, eine flüchtig bekannte Person wiederzuerkennen, wenn sie eine neue Frisur hat.

~~~

In den Sechzigerjahren des zwanzigsten Jahrhunderts reiste der amerikanische Anthropologe und Psychologe Paul Ekman nach Papua-Neuguinea zum Volk der Fore, das abgeschnitten von der Zivilisation im Urwald lebte, weder Radio noch Fernseher oder Zeitschriften kannte und auch kein Englisch sprach. Die Fore waren aus der Zeit gefallen. Das machte sie für Ekman, den Pionier der Mimikforschung, so interessant. Er wollte herausfinden, worüber die Wissenschaft seit Langem heftig stritt: Muss jeder Mensch all seine Gefühle erst erlernen oder verfügt er, wovon Charles Darwin überzeugt
~~~

war, über eine angeborene emotionale Grundausstattung, über Basisemotionen also sowie die dazu passende Mimik? Anders formuliert: Existiert eine universelle Mimiksprache, die unabhängig von kulturellem Kontext und psychopolitischer Rahmenbedingung verständlich ist? Ekman glaubte nicht an Darwins Thesen. Zu Beginn seiner Forschung war er überzeugt davon, dass Mimik und Gestik sozial erlernt werden müssten und sich von Kultur zu Kultur unterschieden. Eine erste von ihm durchgeführte Versuchsreihe mit Probanden aus Chile, Argentinien, Japan, Brasilien und Amerika widerlegte diese Überzeugung jedoch. Die Versuchsteilnehmer, denen Fotografien von Menschen mit unterschiedlichen Gesichtsausdrücken vorgelegt worden waren, waren sich mehrheitlich, und zwar quer durch alle Kulturkreise, in ihrem jeweiligen Urteil einig. Die sechs Emotionen, die die meisten identifizierten, waren: Ärger, Trauer, Freude, Angst, Ekel und Überraschung. Ekmans Zweifel blieben. Wie, fragte sich der Psychologe, konnte es sein, dass so viele renommierte Wissenschaftler trotzdem gegenteiliger Meinung waren? »Da waren nicht nur die Reisenden, die behaupteten, dass ein und derselbe Gesichtsausdruck bei Japanern oder Chinesen oder irgendeiner anderen kulturellen Gruppe ganz unterschiedliche Bedeutung habe. Birdwhistell, ein angesehener Anthropologe, Spezialist für die Untersuchung von Mimik und Gestik, hatte geschrieben, dass er Darwins Vorstellung verworfen habe, als er feststellen musste, dass Menschen vieler Kulturen lächeln, wenn sie unglücklich sind«, schreibt Ekman in seinem Buch *Gefühle lesen*. Ray Birdwhistells Sichtweise passte zu jener, die damals die Kulturanthropologie und ein Großteil der Psychologie einnahm: Alles sozial Wichtige – auch das emotionale Ausdrucksverhalten – sei Produkt eines Lernvorgangs und daher in jeder Kultur verschieden.

Ekman machte sich also auf den Weg nach Papua-Neuguinea, wo er Fotos der emotionalen Grundausdrucksformen den Fore vorlegte und ihnen eine Geschichte dazu erzählte, zum Beispiel dass ein Wildschwein am Eingang der Hütte eines Mannes steht. Der Mann ist allein, er hat weder Messer noch Axt, noch Pfeil und Bogen. Er fürchtet sich wahnsinnig. Die meisten Fore deuteten auf das Angstgesicht – schwierig war es für sie lediglich, Angst vom Ausdruck der Überraschung zu unterscheiden. Von Ärger, Ekel, Freude und Trauer konnten sie diese aber deutlich abgrenzen.

Dann forderte Ekman die Fore auf, zu der jeweiligen Geschichte den passenden Gesichtsausdruck zu machen, und filmte sie. Zurück in Amerika präsentierte er die Filme seinen Studenten – die wiederum die Gefühle der Fore meistens korrekt deuteten. Ekmans Befund, dass bestimmte mimische Ausdrücke universal sind, bedeutet natürlich nicht, dass sie kulturell unbeeinflussbar wären beziehungsweise keinen sozialen Normierungen unterlägen – im Gegenteil: Je nach Kultur gibt es Regeln, die festlegen, welche Gefühle wem gegenüber gezeigt werden dürfen – und welche nicht. Ein Versuch mit amerikanischen und japanischen Studenten, die einen schönen und einen stressauslösenden Film sahen, zeigte, dass die japanischen Studenten, wenn sie nicht allein waren, ihren Gesichtsausdruck zu kontrollieren versuchten: Sie hielten ihn möglichst neutral und lächelten. Waren sie unbeobachtet, taten sie nichts dergleichen, sondern ließen ihren Emotionen freien Lauf. Das Kaschieren unangenehmer Gefühle und die Notwendigkeit, sein Gesicht zu wahren, ist in Japan sehr viel wichtiger als in anderen Kulturen.

Die Wissenschaft geht heute von sieben Basisemotionen aus, die mit einer bestimmten Mimik und einer spezifischen körperlichen Reaktion einhergehen. Neben Angst, Überraschung, Ärger, Ekel, Freude, Trauer tritt die Verachtung.

Ekmans kulturübergreifende Befunde warfen etliche neue Fragen zum Mimikverhalten auf: Über wie viele unterschiedliche Gesichtsausdrücke verfügt der Mensch? Liefert ein Gesichtsausdruck immer eine korrekte Information, oder kann er manchmal irreführend sein? Ist jede Gesichtsbewegung Ausdruck eines Gefühls? Können Menschen mit ihrem Gesicht genauso lügen wie mit Worten? Um die erste Frage zu beantworten: Unser Gesicht kann mithilfe von nur 43 Muskeln mehr als 10 000 verschiedene Ausdrücke erzeugen. Ekman gelang es in jahrelanger Arbeit, diejenigen darunter zu analysieren, die für den Ausdruck von Gefühlen am wichtigsten sind. In den Siebzigerjahren verfasste er gemeinsam mit einem Kollegen den ersten »Gesichtsatlas«, eine systematische Darstellung, in der mit Worten, Foto- und Filmmaterial gezeigt wird, wie sich Gesichtsbewegungen anatomisch messen lassen. Konnte er einen Gesichtsausdruck nicht willentlich erzeugen, half Ekman mit Akupunkturnadeln nach.

1978 gingen Ekman und sein Kollege Wallace V. Friesen schließlich mit einem Facial Action Coding System, kurz FACS, einem Codierungsraster von Gesichtsausdrücken, an die Öffentlichkeit. Diese Methode misst nicht die Intensität der Emotionen selbst, sondern zeichnet sämtliche Bewegungen der Gesichtsmuskulatur auf. Einzelne Ausdrücke wie das Heben einer Braue werden fotografisch dokumentiert, als *action unit* klassifiziert und als Gefühlszeichen codiert.

Woran also erkennt man zum Beispiel Ekel? Was passiert in unserem Gesicht, wenn wir im Kühlschrank auf ein verrottetes, mit Schimmel überzogenes Stück Dosenfleisch stoßen? Das Schlüsselsignal, so Ekman, sei die leichte Kontraktion jenes Muskels, der die Augen verengt und der Nase ein gerümpftes Aussehen verleiht. Die Oberlippe ist außerdem leicht erhoben, während die Muskeln der Augenlider eher entspannt sind. Der Bedeutung des Oberlippenhebens wurde Darwin übrigens nicht ganz gerecht, der die dabei stattfindende Entblößung des Eckzahns nicht als Zeichen von Ekel, sondern von Trotz, Hohn, Spott und Geringschätzung interpretierte.

Und Traurigkeit? Die Mundwinkel sind leicht heruntergezogen, die Oberlider gesenkt, und die Innenseiten der Augenbrauen sind sehr schwach, beinahe unmerklich, hochgezogen, der Blick ist gesenkt. »Die Augenbrauen«, schreibt Ekman, »bilden sehr wichtige, extrem zuverlässige Hinweise auf Traurigkeit. Nur wenige Menschen könnten die Braueninnenseiten willentlich hochziehen.

Zornige Menschen erkennt man in der Regel an ihren finster zusammengezogenen, gesenkten Augenbrauen, ihrem stechenden Blick und den fest zusammengebissenen Kiefern. Die nur sprichwörtlich »bebenden« Lippen können bei Zorn zwei unterschiedliche Positionen einnehmen: rechteckig geöffnet oder fest zusammengepresst. Im Zorn werden sie schmaler, das Lippenrot wird dünner – das ließe sich, so Ekman, kaum verhindern. Er hat festgestellt, dass die Veränderung der Lippen eines der frühesten Anzeichen für Zorn und interessanterweise bereits zu erkennen ist, wenn jemand noch nicht einmal selbst bemerkt hat, dass er zornig ist.

Das Gesicht reagiert also schneller auf aufkommende Emotionen als das Bewusstsein.

In den allermeisten Fällen währt der mimische Ausdruck einer Emotion ziemlich kurz: Nur etwa zwei Sekunden dauert die expressive Phase. Die Dauer eines Gesichtsausdrucks hat natürlich etwas mit der Intensität der Emotion zu tun. Als Faustregel gilt, je länger die Mimik das Gesicht beherrscht, desto stärker ist das Gefühl im Bewusstsein verankert. Aber es gibt auch Ausnahmen. Sehr kurze, stark ausgeprägte Mimik ist ein Indiz dafür, dass jemand versucht, ein Gefühl zu überspielen oder es zu verbergen – entweder durch willentliche Anstrengung oder unterbewusst.

Ein besonderes Interesse für Mimik – auch hier gibt es wie für beinahe alles andere Konjunkturen – herrscht oft im Vorfeld wichtiger Wahlen oder wenn Skandale ans Licht kommen. Dann mutmaßen Experten auf dem Gebiet des Gesichterlesens, was das Mienenspiel der betreffenden Person verrät. Bei Angela Merkel kommen zuverlässig ihre hängenden Mundwinkel zur Sprache, begleitet vom leisen Vorwurf, die Kanzlerin setze ihre Mimik zu sparsam ein. Hier und da ein Lächeln, das wars. Der Kanzlerin deshalb ein Pokerface zu bescheinigen, wäre trotzdem falsch. Sie hat keins. Ob sie sich nicht eins zulegen wolle, wurde sie mal gefragt. Ihre Antwort: »Ich habe das aufgegeben. Es ist bitter, aber ich kann es nicht. Und das Zweite, worunter ich manchmal leide: Wenn ich nicht spreche, gucke ich schnell gelangweilt.« Das geht wohl vielen so.

Vielsagend ist auch die Geschichte, als Frans de Waal während des Gesprächs mit einem Journalisten ein Foto von John McCain und Barack Obama hervorkramte. De Waal sagte zu dem Reporter: »Das sind John McCain und Barack Obama bei einem Versöhnungstreffen. Sie demonstrieren Reue: hängende Schultern, Kopf und Blick nach unten. Und Unterlippe nach unten. So sehen reuige Sünder aus. Bei Menschen und Affen.« Er habe verzweifelt nach einem Foto gesucht, auf dem Ex-Minister Theodor zu Guttenbergs Mimik der eines Mannes gleicht, der bereut. »Ich habe keines gefunden. Sehen Sie hier: aufrecht, forsch. Er zeigt keine Reue. Das bedeutet auch, dass er keine Signale aussendet, die uns Empathie mit ihm empfinden lassen«, so de Waal.

~~~
~~~

Nach seelisch zerrüttenden Wochen mit Angstzuständen und dem Konsum von Schlafmitteln fällt die Französin Isabelle Dinoire 2005 im Flur ihrer Wohnung in Ohnmacht. Als sie wieder erwacht, versucht sie sich eine Zigarette anzuzünden und versteht nicht, warum sie den Stängel nicht zwischen ihren Lippen halten kann. Plötzlich sieht sie eine Blutlache. Daneben liegt ihre Hündin. Sie geht zum Spiegel. Sie sieht in ihr zerfetztes Gesicht, dem Lippen, Nase und Kinn fehlen. So schildert es die damals achtunddreißig Jahre alte Isabelle Dinoire später der Presse. Sie hatte inzwischen im Krankenhaus von Amiens die weltweit erste Gesichtstransplantation erhalten, eine medizinische Sensation und Ergebnis einer fünfzehnstündigen Operation, in der sie Gesichtshaut, Lippen, Nase, mimische Muskeln, Blutgefäße und Nerven einer hirntoten Spenderin bekommen hatte. Nach kurzer Zeit kann Isabelle Dinoire wieder essen und trinken, sie spürt Berührungen, und nach wenigen Monaten stellt sich ein Kälte- und Wärmeempfinden ein. Auch ihre Lippen kann sie nach einiger Zeit wieder bewegen, den Mund schließen, sprechen. Nach vier Monaten lächelt sie zum ersten Mal. In einem Interview sagt sie erleichtert: »Ich bin auf den Planeten der Menschen zurückgekehrt. Derer, die ein Gesicht haben, ein Lächeln, ein Mienenspiel, das ihnen erlaubt, sich mitzuteilen.«

Ein junger Mann erwacht mit blutunterlaufenen Augen. Er vermutet eine Bindehautentzündung, geht zum Arzt, lässt sich Antibiotika verschreiben und hofft auf schnelle Besserung. Ein paar Tage später ist seine linke Gesichtshälfte taub. Der Student, Oliver, sucht erneut einen Arzt auf und schluckt nun Steroide. Kurze Zeit später befällt die Lähmung auch seine rechte Gesichtshälfte. Trotz der Medikamente bessert sich Olivers Zustand nicht. Es ist ihm nicht mehr möglich, seine Gefühle mit seiner Mimik auszudrücken. Er ist gewissermaßen von seinem Gesicht abgeschnitten, auf dem sich kaum noch etwas abspielt, als leide er unter dem seltenen Möbius-Syndrom, bei dem Menschen mit Gesichtslähmungen zur Welt kommen und sich mimisch nicht ausdrücken können. In diesem Zustand besucht ihn der Mediziner Jonathan Cole. In seinem Buch *Über das Gesicht* beschreibt Cole das Zusammentreffen mit dem Studenten: »Wie bei den Menschen mit Möbius-Syndrom hatte ich den Eindruck, dass sich auch bei Oliver Stimmungen und Gefühle abschwächten, wenn sie ihre mimischen Begleiterscheinungen verloren. Ich erkundigte mich, wie er sich fühle, um zu erfahren, welche Gefühle er mit einem regungslosen Gesicht verspüre.« Olivers Antwort: »Es wäre übertrieben zu sagen, ich wäre ständig überglücklich, aber richtig traurig bin ich eigentlich auch nicht … Ich habe den Eindruck, ich würde zwischen den Gefühlen in der Luft hängen – irgendwie nichtemotional …«

Oliver beschreibt, was es heißt, die Fähigkeit einzubüßen, über die Mimik zu kommunizieren. Die Intensität seines Ichgefühls lässt nach. Mit der Zeit verlagert er seine Gefühle in die Stimme: »Mir ist aufgefallen, dass ich Schwierigkeiten hatte, mich am Telefon emotional zu kontrollieren, weil ich mein Gesicht nicht kontrollieren konnte – mein Gesicht stellte sich darauf ein. Normalerweise kann man eine Stinklaune haben und am Telefon trotzdem fröhlich klingen. Während der Krankheit konnte ich das nicht mehr; ich konnte nicht mehr lügen.«

Wer die Kontrolle über seine Mimik verliert, verliert im wortwörtlichen Sinne sein Gesicht.

Unbewegliche, ausdruckslose Gesichter, starre Gesichtszüge irritieren uns enorm, weil sie nicht das Geringste über das Gefühlsleben des anderen verraten. Nichts ist im Horrorgenre beliebter, als das Grauen in Form gesichtsloser Gestalten auftreten zu lassen. Im originalen *Ben Hur*-Film tragen die pestkranken Frauen Schleier, sodass der Zuschauer nur in ein schwarzes Nichts schaut. Die »schwarzen Reiter« in Tolkiens *Herr der Ringe* sind auch deshalb so grauenerregend, weil sie kein Gesicht haben. Bis hin zur Debatte um die Vollverschleierung reicht die Angst vor einem gesichtslosen Gegenüber, das wir nicht einschätzen können.

Die Unmöglichkeit, seine Emotionen über die Mimik zu teilen, hat fatale Konsequenzen. Sind die Ausdrucksmöglichkeiten des Gesichts allerdings verarmt, bleibt die Interaktion, das empathische Verständnis auf der Strecke und läuft ohne Körperechos ab. Der französische Philosoph Maurice Merleau-Ponty sagte einmal, dass er ebenso im Mienenspiel der anderen lebe, wie er spüre, dass sie in dem seinen lebten.

Man muss nur einmal mit jemandem im Restaurant sitzen, seine Mimik für ein paar Minuten einfrieren und den anderen regungslos anstarren – der Mensch gegenüber wird sehr schnell sehr nervös werden.

~~~

An einem bitterkalten Wintertag um das Jahr 330 nach Christus ritt der Legende zufolge ein römischer Soldat namens Martin an einem frierenden Bettler vorbei. Der spärlich bekleidete Mann tat ihm so leid, dass er seinen warmen Mantel mit dem Schwert zerteilte und dem Bettler eine Hälfte schenkte. In der darauffolgenden Nacht erschien Jesus Christus Martin im Traum – er ist der Bettler gewesen.

In jeder kleineren und größeren Stadt bitten einen täglich Bedürftige um kleine Spenden. Frauen, die zusammengekauert auf dem Boden sitzen. Gruppen von Bettlern auf Bahnhöfen, die einen beim Fahrkartenkauf ansprechen und nicht mehr lockerlassen. Männer, vor denen ein Pappschild steht: »Ich habe Hunger«. Ständig stellt man sich die Frage: Wem gebe ich Geld und wem nicht? Nicht jede notleidende Existenz berührt das ei-
~~~

gene Herz. Die Schriftstellerin Eva Sichelschmidt hat zu dieser Frage eine kleine Umfrage im Bekanntenkreis gemacht: »Mein Freund D. gibt jedem alten Mütterchen etwas, weil es ihn an seine eigene Mutter erinnert. Meine Freundin K. gibt jungen Menschen und Kindern Geld, weil diese das Leben schließlich noch vor sich haben. Meine Freundin C. gibt dem Ersten, den sie trifft, zehn Euro. Ich gebe denjenigen etwas, die so richtig fertig aussehen, weil der Leiter der Bahnhofsmission am Bahnhof Zoo der Meinung ist, die Kaputten hätten es am nötigsten, denn die würde niemand mehr anschauen wollen.«

Den »Kaputten« gebe ich eigentlich nie etwas, weil mir die Vorstellung, dass sie von dem Geld Alkohol kaufen, komisch vorkommt, aber vielleicht benötigen gerade sie am dringendsten Hilfe. Und Frauen mit Kindern im Arm gehören oft zu organisierten Bettlerbanden, die ich auch nicht unterstützen möchte. Ehrlicherweise gebe ich immer etwas, wenn ich sehr nachdenklich bin oder shoppen war, vielleicht wegen des schlechten Gewissens. Und wenn ich meine kleine Nichte Luise besuche, wohin ich mit der S-Bahn fahre und dabei fast immer einem Bettler begegne. Warum? Aus Dankbarkeit, dass es sie gibt.

Stefan Torges von der Stiftung für Effektiven Altruismus gibt nie einen Cent. Egal, wie notleidend der Bettler aussieht. Nicht, weil er kaltherzig ist, sondern weil die Kaufkraft von, sagen wir, zwei Euro in den Ländern südlich der Sahara um ein Vielfaches höher liegt als in Berlin. »Es gibt bessere und schlechtere Arten zu helfen«, sagt Torges. »Täglich sterben 15 000 Kinder an leicht vermeidbaren Ursachen«. Kinder, die man nicht sieht, von denen man nichts liest. Zahllose unsichtbare Schicksale. In Malarianetze investiert, kann das wahllos an Bettler gespendete Geld in Risikoländern wie Ruanda Leben retten. In Berlin kann es das nicht so leicht. Torges weiß, dass uns Empathie zuverlässig blendet. Wie er, warnt der Psychologe Paul Bloom, Autor des Buchs *Against Empathy*, vor Naivität. Zum Beispiel bei Straßenkindern. Denn womöglich, sagte Bloom in einem *Zeit*-Interview, unterstützen wir sogar eine kriminelle Bande, die Kinder versklavt und sie zum Betteln schickt. Bloom plädiert also für einen kühlen Kopf. »Wir könnten mehr Gutes tun, wenn wir, statt einem Gefühl zu folgen, auf Statistiken schauen würden. So können wir objektiver entscheiden, wem wir wie helfen. Dann spenden wir eher an eine bestimmte Hilfsorganisation.« Genau das tun effektive Altruisten: auf

Statistiken schauen. Die Philanthropie trifft auf Zahlen. Das Gute wird quantifiziert.

Die Stiftung für Effektiven Altruismus hat ihren Sitz in einem schönen, großen Büro unweit des Berliner Bahnhofs Zoo. Stereotype Poster von hungernden Kindern mit aufgeblähten Bäuchen oder afrikanischen Frauen, die lachend auf einem Feld arbeiten, hängen hier nirgendwo, sie würden ihre Wirkung ohnehin verfehlen. In der weitläufigen Küche kocht eine junge Frau vegan.

Wer die Welt zu einem besseren Ort machen möchte, findet Stefan Torges, der sollte seinen Verstand gebrauchen und sich überlegen, wo sein investiertes Geld den größtmöglichen Nutzen erzielt, anstatt einem Augenblicksgefühl nachzugeben. Schließlich würde auch kein Mensch leichtfertig in irgendeinen Aktienfonds investieren, würde er ihm auf der Straße angeboten, sagt Torges. Was die Kosten-Nutzen-Abwägung betrifft, ist das kurze Aufflackern von Mitgefühl zweifellos ein schlechter Ratgeber. Aber gehört Betroffenheit beim Antrieb, Gutes zu tun, seinen Blick vom Ich aufs Wir zu richten, nicht dazu? Unter Effizienzmaßstäben mag es nicht optimal sein, eine Decke für einen frierenden Bettler zu kaufen. Aber dieser Akt der Mitmenschlichkeit führt vielleicht dazu, dass man jene, die ihr Dasein am gesellschaftlichen Rand fristen, in Zukunft tatsächlich sieht und sich engagiert.

Die ersten Ideen des Effektiven Altruismus wurden 2007 innerhalb kleinerer Foren im Internet diskutiert, die erste Gruppe pragmatischer Weltverbesserer bildete sich 2009 in Oxford um William MacAskill, Autor des Buchs *Doing Good Better*. Seither wächst die Bewegung, die besonders junge Menschen elektrisiert – weltweit. Seit einigen Jahren ist auch Stefan Torges dabei. Er hat Philosophie studiert und war in Indien, wo er bitterste Armut gesehen hat; aber ein Erweckungserlebnis, ein tiefer Einschnitt, der sein Denken grundlegend verändert hätte, war die Konfrontation mit dem Elend nicht. Im Grunde wurde er nach und nach zu einem Effektiven Altruisten, zu jemandem, dem sein privilegiertes Leben nicht nur bewusst ist, der sich nicht damit begnügt, über den Zustand der Welt nachzudenken, über die Ungleichheit, die globale Armut, den Klimawandel, sondern der sich tatkräftig positioniert. »Donnerstag-Abend-Rotwein-Revolutionstreffs« seien schön und gut, aber was folge aus den Diskussionen? Torges sagt:

»Jeder Einzelne kann in der Welt viel verändern.« Damit hat er natürlich recht: Wer bloß diskutiert oder gar den Rückzug ins Private, die Hygge-Gemütlichkeitskultur zelebriert, die in Wahrheit ein Euphemismus für Abschottung ist, tut nichts zum Wohle des Planeten. Aber muss es immer um Geld gehen? Für Torges jedenfalls bedeutet es, neben seinem beruflichen Engagement 10 Prozent seines Bruttojahreseinkommens zu spenden. Die Verpflichtung, mit einem bestimmten Prozentsatz seines Gehalts Gutes zu tun, eint viele Effektive Altruisten. Die Zahl gehe hoch bis zu 60 Prozent, sagt Torges. Ich rechne kurz aus, was 30 Prozent weniger Gehalt für meinen eigenen Lebensstandard bedeuten würde, blicke auf meine Malteser-Quittung für die Spende des vergangenen Jahres und fühle mich, nun ja, ein klein wenig mies.

Spätestens hier wird es jedenfalls schwierig, der Bewegung, wie es Kritiker tun, Effektivitätswahn und kalten Utilitarismus zu unterstellen. Ist es nicht nachvollziehbar, dass jemand, der bereit ist, derart viel zu geben, skeptisch fragt, was sein Geld wirklich bewirkt? »Es hilft, am Anfang des Jahres ein Budget festzulegen, das man für Spenden reserviert«, sagt Torges. Das nehme einem gleichzeitig die Last, jedes teure Essen in Malarianetze umzurechnen, was ohnehin nicht funktioniere, weil man darüber verrückt würde. Es sei stets eine persönliche Abwägung: Wie viel Budget habe ich für mich, und wie viel bleibt für die anderen? Mit fünf Euro im Monat reiße man keine Bäume aus. Stefan Torges verurteilt jene, die lieber konsumieren, als sich zu fragen, wie sie optimal helfen können, moralisch zwar nicht, aber manchmal hat man das Gefühl, dass sein Verständnis nicht sonderlich groß ist für Menschen wie mich, die auch mal unvernünftig mit ihrem Geld umgehen und nach einem sehr unangenehmen Arbeitstag in fünf Minuten hundert Euro beim Onlineshopping verjubeln.

Die Philosophie der Altruisten reicht indes über das Spenden hinaus. Die Initiative 80,000 Hours – so viele Stunden arbeitet ein Mensch ungefähr im Laufe seines Lebens – berät zum Beispiel Studenten bei der Berufswahl. Diskutiert wird darüber, ob man mit einem exzellenten Investmentbankergehalt am Ende nicht deutlich mehr bewegen kann, als wenn man für eine Hilfsorganisation in Indien arbeitet. Und ob es nicht lohnender ist, in die medizinische Forschung zu gehen, als Arzt zu werden. Nur: Wo bleibt da neben der Kalkuliererei die Leidenschaft, die es braucht, um am Ball zu bleiben? Ebnet deren Unterdrückung nicht den Weg in die Selbstentfremdung? Für ein vermeintlich höheres, abstrakteres Ziel seine Berufung in den Wind zu schlagen, ist ein verdammt hoher Preis. Ein zu hoher.

Etwa fünf Millionen Euro hat die Stiftung für Effektiven Altruismus 2017 eingesammelt, viel Geld, das in Projekte weltweit fließt. Etwa an die Organisation »Give Directly«, die die Spenden an Notleidende in Schwarzafrika in der Überzeugung verteilt, dass die Betroffenen selbst am besten wissen, woran es ihnen mangelt. Wenn zum Beispiel die Kinder eines afrikanischen Dorfes nicht zur Schule gehen, weil sie ständig Durchfall haben, ist ihnen mit einem neuen Schuldach, Tafeln und Kreide nicht geholfen. Trotzdem, die Effektivitätsfrage bleibt. »Darüber, was wirklich effektiv ist, streiten wir auch innerhalb der Gruppe und fragen uns: Wie kann ich mein Geld besonders effektiv einsetzen? Was sind die größten Probleme? Was sind die besten Hebel? Manche sagen: ›globale Armut‹. Andere sagen: ›Massentierhaltung‹.«

Und was sagt er? Torges, der sich vegan ernährt, hält auf gewisse Art und Weise, wie er einschränkend formuliert, Massentierhaltung für das größte Problem. Zwar liegt ihm das Tierwohl nicht mehr am Herzen als das der Menschen, doch angesichts der Tatsache, dass jährlich um die sechzig Milliarden Landtiere in der Massentierhaltung großgezogen und geschlachtet würden, was weitaus weniger Aufmerksamkeit erregt als die globale Armut, sieht Torges seine Ressourcen beim Kampf gegen die Massentierhaltung sinnvoller investiert. Dass es keine Zauberformel gibt, bestreitet er nicht. Aber die Effektiven Altruisten versuchen, einem Ideal so nahe wie möglich zu kommen.

Die Stiftung arbeitet deshalb auch mit der Non-Profit-Organisation GiveWell zusammen, die die Performance von Hilfsorganisationen evaluiert. Ganz oben auf der Liste steht die Against Malaria Foundation, die zum Schutz vor Malaria Moskitonetze in den am stärksten betroffenen Weltgegenden verteilt. »Pro Netz«, heißt es auf der Homepage der Effektiven Altruisten, »betragen die Kosten etwa 4,50 €, und »GiveWell« schätzt, dass AMF für die Rettung eines Menschenlebens rund 6800 € benötigt.« Eine Zahl, die man instinktiv von sich weisen, mit der man nicht konfrontiert werden möchte, weil einem das detaillierte Berechnen, wie viel ein Leben wert ist, unerhört vorkommt. Doch solche Berechnungen können eben Menschenleben retten.

Man kann es drehen und wenden wie man will. Man kann den Effektiven Altruisten vorwerfen, keine politische Agenda zu haben, sondern nur Symptome zu bekämpfen. Man kann ihre Ungnädigkeit, was ihr moralisches Urteil betrifft, ablehnen und es merkwürdig finden, Hilfe dem Diktat der Nützlichkeit zu unterwerfen. Es kann einen auch befremden, dass Betroffenheit und universales Mitgefühl gegeneinander aufgewogen werden. Am Ende aber wird man zugeben, dass das Ergebnis tatsächlich mehr zählt.

Um zu illustrieren, dass Gutes tun trotz der festen Überzeugung, man habe eine geradezu geniale Idee, die, sobald sie erst verwirklicht ist, die Welt im Kleinen verändern wird, bitter nach hinten losgehen kann, erzählt MacAskill gern eine Geschichte aus Südafrika. Deren Protagonist heißt Trevor Field. In den Neunzigerjahren gründete Field eine Hilfsorganisation, die Menschen in Entwicklungsländern mit einer neuartigen Wasserpumpe beschenkte, die gleichzeitig ein Spielzeugkarussell war. Er hatte beobachtet, wie die Bewohnerinnen eines Dorfes an einem windstillen Tag stundenlang bei einer per Windmühle betriebenen Pumpe ausharrten, bis der Wind endlich auffrischte und das Wasser floss. Fields PlayPump, die mit der Körperkraft von Kindern betrieben wird, sollte diesem unsinnigen Warten ein Ende bereiten und der Angelegenheit gleichzeitig ein spielerisches Element verleihen.

Die Spielpumpe avancierte zum Liebling der internationalen Medien, die Schlagzeilen wie »Wasserpumpen ist ein Kinderspiel« oder »Das magische Karussell« druckten. Bill Clinton bezeichnete die PlayPump in einem *Time*-Artikel als »wunderbare Innovation«. Field erhielt einen Preis für sein Entwicklungsprojekt. Prominente spendeten Geld, und Jay Z sammelte mit seiner Konzerttour »The Diary of Jay Z: Water for Life« Zehntausende Dollar für das vermeintliche Vorzeigeprojekt ein – dummerweise hatte nur bislang niemand kritisch gefragt, wie effektiv die Pumpe eigentlich arbeitete.

Das Blatt wendete sich, vernichtende Berichte, unter anderem von UNICEF, wurden veröffentlicht, die die Wunderpumpe entzauberten. Denn um sie am Laufen zu halten, muss sich das Karussell permanent drehen. Doch welches Kind hat schon die Lust und Kraft, stundenlang ein Karussell in Schwung zu halten? Das Spiel wandelte sich zum Albtraum. Einige Kinder fielen laut UNICEF-Bericht vom Karussell und brachen sich die Knochen, anderen wurde von der Dreherei übel. Die gefeierte PlayPump war der alten Handpumpe nicht nur haushoch unterlegen, sie kostete auch ein Vielfaches. Ob die Bewohner der Dörfer die PlayPump überhaupt wollten, dafür hatte sich niemand interessiert.

~~~

Anfang Oktober 2016 bricht im Vorraum einer Essener Bankfiliale ein dreiundachtzigjähriger Mann bewusstlos zusammen und schlägt mit dem Kopf auf dem Boden auf. Die Überwachungskamera hält fest, wie mehrere Bankkunden den am Boden Liegenden ignorieren, sie gehen gleichgültig um ihn herum oder steigen über ihn hinweg, um an den Geldautomaten zu gelangen. Es dauert beinahe zwanzig Minuten, bis ein Kunde die
~~~

Notrufnummer wählt. Der Rentner wird in ein Krankenhaus gebracht, wo er eine Woche später stirbt. Ein medizinisches Gutachten ergibt, dass die unterlassene Hilfeleistung der Bankkunden nicht für den Tod des Mannes mitverantwortlich ist. Die, die einfach weggesehen haben, haben am Ende auch noch Glück gehabt.

Später müssen sich zwei Männer und eine Frau vor Gericht wegen unterlassener Hilfeleistung verantworten. Sie werden zu einer Geldstrafe von bis zu 3600 Euro verurteilt. Die Aussage zweier Angeklagter, sie hätten den Rentner für einen schlafenden Obdachlosen gehalten, ließ der Richter nicht gelten. Nichts, weder die Kleidung des am Boden liegenden Mannes noch der Ort deuteten darauf hin, dass es sich um jemanden handelte, der sich in die wärmende Bankfiliale zurückgezogen hatte, um zu schlafen. Niemand habe einen Zweifel an einem Unglücksfall haben können. Der Mann sei ihnen einfach gleichgültig gewesen, sagte der Richter. Die drei Bankkunden hätten billigend in Kauf genommen, dass da jemand liegt, der Hilfe benötigt, doch »keiner wollte Hilfe leisten«. Das Verhalten der Angeklagten wertete der Richter als Augenblicksversagen, weil sie

»andere Dinge im Kopf« gehabt hätten. Egoisten, die das Offensichtliche nicht sehen wollten.

Ich fahre viel Fahrrad, im Sommer, im Winter, weil ich kein Auto habe, und da sehe ich immer wieder Obdachlose, die in einer geschützten Ecke oder auf einer Bank liegen und aussehen, als schliefen sie. Jedenfalls interpretiere ich das, was ich aus den Augenwinkeln heraus wahrnehme – die Körper unter den Decken und Plastikplanen – so. Doch was, wenn ich mich schon mal geirrt habe? Muss man sich im Zweifelsfall überzeugen, ob jemand tatsächlich nur schläft? Und wo beginnt dieser Zweifelsfall?

Ein Mann steigt im September 2009 am Münchner Hauptbahnhof in die S-Bahn Richtung Pullach, wo seine Freundin auf ihn wartet, sie wollen gemeinsam zu einer Feier. Die S-Bahn hält in Solln, und später erinnert sich der Mann, dass es an der Tür laut wurde. Er blickt von seiner Zeitung auf und sieht aus dem Fenster. Auf dem Bahnsteig steht ein älterer Mann zwei Jugendlichen gegenüber. Er steht da wie ein Boxer, die Fäuste erhoben, tänzelnd, als rechne er mit einem Angriff.

Die Jugendlichen sind groß, ungefähr einen Meter neunzig. Die Türen der S-Bahn sind noch geöffnet, als einer der Jugendlichen in seine Jackentasche greift und einen Schlüsselbund hervorholt. Er legt ihn sich in die Hand und schließt die Finger so zu einer Faust, dass die Schlüssel wie eine Waffe herausschauen. Es sind noch andere Menschen auf dem Bahnsteig. Dann schließen sich die Türen, und die S-Bahn fährt weiter. Der Mann, der ungefähr dreißig Sekunden Zeit hatte zu entscheiden, ob er aussteigt oder nicht, bleibt sitzen. Am nächsten Tag hört er im Radio, dass Dominik Brunner, der vier Schüler beschützen wollte, von zwei Jugendlichen totgeprügelt worden war.

Die beiden Geschichten haben auf den ersten Blick wenig gemeinsam, aber in beiden geht es darum, genau hinzusehen, die Situation als eine wahrzunehmen, in der jemand Hilfe benötigt, und dann zu handeln. Wobei es natürlich einen großen Unterschied macht, ob man dabei sein eigenes Leben gefährdet oder nicht.

Hans-Werner Bierhoff, Sozialpsychologe und emeritierter Professor, forschte an der Ruhr-Universität Bochum zu prosozialem Verhalten, Solidarität, Partnerschaft, Fairness und Zivilcourage. Er entschlüsselte Verhaltensweisen, und es liegt in der Natur der Wissenschaft, dafür Formeln zu finden, die sie einordnen, verständlich und vorhersehbar machen. Wie in der Mathematik geht es dabei auch um Wahrscheinlichkeiten. Um die Wahrscheinlichkeit etwa, ob ein Mensch hilft, wenn sich ein anderer in Gefahr befindet, in einem See zu ertrinken droht oder auf einem Bahnsteig zusammengeschlagen wird. Diese Wahrscheinlichkeit hängt zum Beispiel von der Anzahl der Zeugen ab, der Persönlichkeit und dem Geschlecht, der Gefahr, dem Zustand des Opfers, dem Ort des Geschehens.

Dass ein Mensch eingreift, ist wahrscheinlicher, wenn er der einzige Zeuge ist und etwas sehr Heftiges unmittelbar vor ihm geschieht. »In geschlossenen Räumen, aus denen wir nicht weglaufen können, steigt die Wahrscheinlichkeit«, sagt Bierhoff. Sie steigt, wenn einem das Opfer ähnlich ist, dasselbe Geschlecht und Alter hat und wenn es bei Bewusstsein ist. Sie steigt auch, wenn es um Hilfe ruft. Menschen mit einem zupackenden Wesen, die zweckorientiert handeln, helfen häufiger als zurückhaltende. Das sind Eigenschaften, die hauptsächlich Männern zugeschrieben werden. Vier Fünftel der Eingreifenden sind Männer, nur ein Fünftel Frauen, sagt die Statistik. Selbst wenn für beide Geschlechter dieselbe Gefahr besteht, schätzen Männer ihre Kompetenz höher ein. Und die Täter? Das sind größtenteils Männer.

Dass ein Mensch hilft, ist erst einmal, ganz unabhängig vom Geschlecht, die Ausnahme. Die Regel ist, dass er das nicht tut. Sobald ein zweiter Zeuge da ist, sinkt seine Bereitschaft einzuschreiten dramatisch. Bei einem dritten, vierten und fünften Zeugen sinkt sie weiter, allerdings weniger stark. Menschen verunsichern einander. Sie haben Angst, sich zu gefährden, zu blamieren, zu versagen. Sie schauen sich um, um jemanden zu finden, der geeigneter zu sein scheint, etwas zu tun, als sie. Die empfundene Verantwortung verteilt sich auf die Umstehenden. Je mehr es sind, desto geringer lastet der Druck auf jedem Einzelnen. Man könnte annehmen, dass sich die Zeugen verbünden, aber das ist ein Irrtum. Wer nicht eingreift, versucht auch nicht, andere zum Eingreifen zu bewegen. Es gibt eine Verantwortungsdiffusion.

Mit jedem Meter Entfernung, der zwischen einem Zeugen und dem Opfer liegt, sinkt die Wahrscheinlichkeit, dass er hilft, weiter. Er wägt ab zwischen negativen und positiven Konsequenzen, zwischen Gefahr und Nutzen. Wenn der Mensch kann, schaut er weg, geht er weg. Man nennt das Vermeidungsverhalten. »Die meisten Menschen sind utilitaristisch«, sagt Bierhoff, »sie überlegen, was das Beste für sie ist.« Und das Beste ist, sich nicht in Gefahr zu begeben.

~~~

Ferdinand von Schirach, dem als Strafverteidiger nichts Menschliches fremd ist und der von Berufs wegen in seelische Abgründe blickt, hat im *Spiegel* über die Krise des Gefühls gesprochen, über das Verlorensein in einer entsetzlich unübersichtlich gewordenen Welt, über die Einsamkeit. Bei vielen Menschen, glaubt Schirach, gebe es einen innersten Kern, den sie mit niemandem teilen könnten. Etwas wie einen Schicksalsrest, der tief vergraben im Bewusstsein ruht. Gerührt wird er nur durch Erfahrungen. Unsere intensivsten Erinnerungen seien dabei nicht mit Glück, sondern mit Scham verbunden. »Wir verletzen jemanden, den wir lieben, wir verspre-
~~~

chen etwas, das wir nicht halten können, weil wir uns selbst nicht kennen – und den Rest unseres Lebens können wir uns davon nicht mehr befreien. Und das ist ja eine Merkwürdigkeit im Menschen: Wir verzeihen unseren größten Feinden – nur uns selbst können wir nicht vergeben. Das ist unsere Einsamkeit.« In einem Gedicht von Eichendorff heißt es: »Wir sehnen uns nach Hause und wissen nicht, wohin?« Wer sich selber abhandengekommen ist, wer das Mitgefühl für sich verloren hat, der kann auch nicht mit anderen fühlen, der bleibt immer ein Ausgeschlossener.

Die Verheißungen der Digitalisierung, die Flucht in die permanente Vernetzung und Kommunikation, dieses Sich-Wegklicken in eine andere Welt, die andauernd verspricht, die Menschen einander näherzubringen, hat uns in Wahrheit voneinander entfernt. Menschenkonsum in Sekundenschnelle. Wie das geht, lehren uns Apps wie Grindr und Tinder, die an beinahe jedem Ort dieser Welt ein leicht zu habendes erotisches Abenteuer bieten. Sex als Konsumware, jederzeit lieferbar und nach den spezifischen Wünschen des Kunden belegt wie eine Pizza. Bei der virtuellen Realität braucht es nicht einmal mehr echte Menschen. Man zieht sich einfach eine Brille auf und verschwindet im Ungefähren, ohne physisch die eigenen vier Wände verlassen zu müssen. Gewissermaßen in die neue Welt gebeamt, kauft man sich einen neuen Körper und lebt seine sexuellen Fantasien aus. So bastelt man sich vom heimischen Sofa aus bequem jenen künstlichen Raum, der die eigenen Bedürfnisse restlos befriedigt, ganz ohne dabei Rücksicht auf die Befindlichkeiten eines Gegenübers nehmen zu müssen. Ambiguitätstoleranz, die Fähigkeit, den anderen im Anderssein anzuerkennen und darin die eigene Menschlichkeit zu sehen, ist in diesem Raum unnütz.

Das Internet zu verdammen, ist immer ein Leichtes und ein beliebtes Spiel von Kulturpessimisten und Wissenschaftlern. Dabei macht es erst einmal weder dick noch dumm, noch einsam, obwohl das Skeptiker wie der Mediziner und Buchautor Manfred Spitzer, der Studien oft so lange in eine alarmistische Richtung bürstet, bis sie seinen Weltuntergangston stützen, immer wieder behaupten. Natürlich ist Maßlosigkeit gefährlich, das gilt für brutale Ballerspiele genauso wie für industriell verarbeitete Nahrung; am Ende aber sind wir es, die sich dafür entscheiden, den Weg in die Verdummung einzuschlagen.

Im Herbst 2017 reiste Mark Zuckerberg nach Puerto Rico. Über das Land war gerade ein Hurrikan hinweggefegt, der vielen Menschen das Leben gekostet und ein unvorstellbares Ausmaß an Verwüstung hinterlassen hat. Zuckerberg erlebte diese Reise auf dem Dach des Facebook-Headquaters in Menlo Park – indem er sich eine Virtual-Reality-Brille aufsetzte. Er reiste übrigens als Avatar im Cartoon-Stil, begleitet von einer Mitarbeiterin, mit der er sich gut gelaunt über die neue Partnerschaft mit dem amerikanischen Roten Kreuz austauschte. Die unter dem Deckmantel des Mitgefühls daherkommende Marketingkampagne löste einen gewaltigen Shitstorm aus. Zuckerberg entschuldigte sich am nächsten Tag, betonte aber, dass einer der mächtigsten Antreiber virtueller Realität Empathie sei. Durch die Entwicklung von Empathie könne Virtual Reality (VR) »das Bewusstsein erhöhen und uns helfen zu sehen, was in verschiedenen Teilen der Welt passiert«. Wahrscheinlich ist Zuckerberg tatsächlich überzeugt davon, dass VR uns zu besseren Menschen macht, was auch immer das konkret heißen mag. Das muss er auch sein, schließlich kaufte Facebook 2014 den Entwickler von Virtual-Reality-Brillen Oculus VR für 2,3 Milliarden Dollar. »Wir schließen eine langfristige Wette ab, dass *immersive virtual* und *augmented reality* zu etwas Alltäglichem werden«, kommentierte Zuckerberg damals die Investition. In der Geschichte seiner Branche gebe es »alle zehn oder fünfzehn Jahre eine neue große Plattform«, sei es der PC, das Web oder die Mobilkommunikation.

Nur ist die virtuelle Realität im Moment noch ziemlich weit davon entfernt, unseren Alltag auch nur ansatzweise so zu beherrschen, wie es das Smartphone tut, das stets in unserer Nähe ist und zu dem der durchschnittliche Nutzer im Schnitt alle achtzehn Minuten greift. Die VR-Empathie-Offensive des Internetgiganten kommt also nicht von ungefähr. Dafür gibt es mehrere Gründe. In einem klugen *Guardian*-Artikel nennt der Autor Empathie den Eckpfeiler des Masterplans der Tech-Industrie, um VR zum Mainstream zu machen. VR-Enthusiasten schwärmen gern von VR als »Empathie-Maschine«, wie der Künstler Chris Milk, der sagt, dass uns die Intensität von VR zu besseren Menschen macht, weil sie unsere Sensibilität für das Leiden anderer steigert – und zwar indem sie uns virtuell in von Naturkatastrophen, Hungersnöten und Bürgerkriegen gezeichnete Weltregionen reisen lässt. Durch VR würden wir »mitfühlender«, »vernetzter« und »menschlicher«. Das passt zum Silicon-Valley-Narrativ, zu jenen Tech-Giganten, die behaupten, sie seien angetreten, um die Welt in einen besseren, lebenswerteren, gerechteren Ort zu verwandeln. Darunter machen sie es nicht. Die Vorstellung, das »Leiden anderer genauer zu betrachten«, sich den Schreckensbildern auszuliefern und dadurch empfindsamer zu werden, hat ihren Reiz, keine Frage. Aber der damit einhergehende Voyeurismus hat mit echtem Mitgefühl wenig zu tun, sondern befeuert nur unsere niederen Instinkte – sich besser zu fühlen und sich zu stärken am Leid anderer. Es ist ein bisschen wie das Blättern durch irgendein Klatschblatt, dessen reißerische Trennungsstorys von Promi-Paaren wohl mit größerer Neugierde (und vielleicht sogar Schadenfreude) gelesen werden als die Liebesgeschichten.

Bislang ist VR vor allem ein Spielzeug, das sich hervorragend zum Pornokonsum eignet und zum Spielen grafisch spektakulär aufgearbeiteter Games. Nur beschädigen diese spezifischen Stärken den Ruf von VR. Wie soll es als Stellvertreter für eine etwas schmuddelig anmutende Konsumkultur zum kollektiv akzeptierten Massenmedium werden? Deshalb, so der *Guardian*-Autor, schüttet das sich als humanitäre Speerspitze inszenierende Silicon Valley Milliarden Dollar in VR. Der Empathie-Mythos verwandelt VR von einem technischen Konzept in ein moralisches. So wird Empathie zu einem festen Bestandteil von Facebooks Tugendkatalog.

»Deep Empathy« ist ein Projekt des MIT Media Lab. Für eine Vergegenwärtigung grauenvoller Szenarien, genauer gesagt des verheerenden Kriegs in Syrien, braucht man hier keine VR-Brille, sondern nur den Besuch der Webseite deepempathy.mit.edu. Dort heißt es: »Können wir Künstliche Intelligenz nutzen, um die Empathie für Opfer weit entfernter Katastrophen zu erhöhen, indem wir unsere Häuser so aussehen lassen wie die Häuser der Opfer?« Ein paar Klicks, und New York, Amsterdam, Melbourne, Paris, Dubai, Shanghai oder London verwandeln sich in verwüstete Kriegsschauplätze, in Ruinenlandschaften aus zerbombten Häusern und zerstörten Straßen, in denen sich nur noch ein paar Gestalten auf den Beinen halten. Der düstere Hauch des Todes soll einen anwehen, das Herz packen und es krampfen lassen. Durch die symbolische Aneignung des fremden Schicksals soll man keine Chance mehr haben, dem Grauen zu entkommen. Syrien vor der eigenen Haustür, das Gefühl der Anteilnahme wird einem gewissermaßen auf dem visuellen Tablett serviert. Man muss nur noch zugreifen und sich gemeint fühlen. Ein in Bilder gefasstes Kopfkino, das unmittelbar erlebbar macht, was man sich nur in den finstersten Träumen vorstellen kann.

Über diese Silicon-Valley-Erlöserideologie, die uns glauben machen möchte, dass es für jedes gesellschaftliche oder politische Problem eine App, einen Algorithmus oder ein intelligentes Gerät zur Lösung gebe, schrieb der Netztheoretiker Evgeny Morozov bereits 2013 das Buch *To Save Everything, Click Here: The Folly of Technological Solutionism*. In ihm analysiert er scharfsinnig den Irrglauben, dass sich digital kompensieren lässt, was uns real fehlt. Wie eben auch Mitgefühl.

Wer spenden will, kann übrigens spenden.

Man kann versuchen, dieser Technik gegenüber ganz offen zu sein – aber das Unbehagen bleibt, dass eine Brille oder irgendein tolles Computerprogramm etwas zutiefst Menschliches wie Mitgefühl in uns auslösen soll. Ist es, wenn man solche Hilfsmittel benötigt, nicht längst viel zu spät? Man fragt die Neuropsychologin Grit Hein, was sie davon hält: »Die Zustände in einem bestimmten Land zu simulieren, sollte ›das Fremde‹ in die eigene Lebenswelt integrieren, könnte die Empathie gegenüber Personen aus diesem Land erhöhen, aber wahrscheinlich nur gegenüber diesen. Die Empathie gegenüber Flüchtlingen aus anderen Ländern könnte sich potenziell verringern, da diese gerade nicht im erzeugten ›Empathie-Fokus‹ sind.«

~~~

Donald Trump, der bekanntlich rücksichtslos sämtliche Grenzen des Anstands und der Moral überschreitet, soll hier gar keine große Rolle spielen, aber diese eine Szene muss erzählt werden. Nach dem Schulmassaker in Florida, bei dem ein Amokläufer vierzehn Schüler und drei Erwachsene hingerichtet hatte, lud Donald Trump Überlebende für ein Zusammentreffen ins Weiße Haus ein. Die schreckliche Tat, die das Leben so vieler Menschen ausgelöscht und den Hinterbliebenen furchtbare seelische Wunden zugefügt hatte, überforderte offensichtlich Trumps Fähigkeit zur Anteilnahme. Das Leid der anderen konnte so wenig natürliche emotionale
~~~

Reaktionen in ihm auslösen, dass er sich seine Gefühle gewissermaßen vorsagen lassen musste. In seiner Hand hielt er nämlich eine Art handschriftlich verfassten Spickzettel mit Notizen, Punkt eins bis Punkt fünf. Unter anderem stand dort: »What would you most want me to know about your experience?«, »What can we do to make you feel safe?« und fünftens: »I hear you«.

Manche alltäglichen Szenen sozialer Blindheit bleiben einem im Gedächtnis. Zum Beispiel diese Szene: Ein Kind, vielleicht acht, neun Jahre alt, ist gemeinsam mit seiner Mutter in der Frankfurter Goethestraße unterwegs. Das ist eine relativ kurze, sehr teure Einkaufsstraße, in der Jil Sander, Chanel, Gucci und so weiter mit ihren Läden vertreten sind. Vor einem der Geschäfte sitzt ein Bettler, ziemlich vermummt, weil es kalt ist. Der Junge blickt auf den Mann herunter, greift in seine Hosentasche und wirft dem Bettler sein zusammengeknülltes Papier in den Becher. Was tut man in so einer Situation? Zum Glück reagierte die Mutter sofort und machte ihren Sohn lautstark rund

Sagt diese Szene etwas über die Mitgefühlsfähigkeit des Kindes aus? Nicht unbedingt. Der Junge hat getan, was Kinder eben so tun: Grenzen austesten. Entscheidend ist die Reaktion der Mutter. Die liebenden, fürsorglichen Eltern, die ihr Kind und dessen Bedürfnisse ernst nehmen, sind es ja in erster Linie (im Idealfall), die Herzensbildung betreiben und dem Kind durch ihr Verhalten zeigen, was Mitgefühl heißt. Der Junge musste sich jedenfalls bei dem Bettler entschuldigen und seinen Müll wieder einstecken.

Wie kann man Mitgefühl trainieren? Also nachweislich?

Vor einigen Jahren initiierte Tania Singer dazu eine weltweit einzigartige Mammutstudie. Im ReSource Project wurden westliche und fernöstliche säkulare Methoden der Meditation untersucht. Elf Monate lang trainierten mehr als zweihundert Probanden Aufmerksamkeit, Körper- und Selbstgewahrsein, Emotionsregulation, Selbstfürsorge, Empathie und Mitgefühl sowie Perspektivenübernahme. Meditation hat seit der Yoga-Welle, das esoterisch Angehauchte verloren, zumindest teilweise; und das hat dazu geführt, dass sie jetzt auch ausgebrannten Managern ans Herz gelegt wird, um ihre Leistungsfähigkeit zu steigern. Aber diese Art der Meditation, die nur auf die Optimierung des Ichs zielt und dort verharrt, um die geht es hier nicht. Matthieu Ricard, der buddhistische Mönch, der neben Ekman auch mit Tania Singer eng zusammengearbeitet hat, sagte einmal: »Meditation heißt nicht, unter einem Mangobaum zu sitzen und eine nette Zeit zu haben.« Es gehe vielmehr um einen Zustand lebhafter und freiheitlicher Bewusstheit. Dazu gehört, aus seinem inneren Gefängnis des Grübelns – Ricard spricht von einer Art Zufluchtsstätte für das Ego – auszubrechen. Das ist die Voraussetzung, um überhaupt offen für die Bedürfnisse anderer zu sein. Und: So eine innere Seelenruhe ist nie losgelöst von der Gesellschaft, in der man lebt. Im Grunde geht es darum wahrzunehmen, was um einen herum geschieht, es zu spüren und sich davon berühren zu lassen. Der Soziologe Hartmut Rosa geht sogar noch einen Schritt weiter und spricht von Überwältigung, von Momenten, in denen wir auch mal kurz Autonomie verlieren. Zum Beispiel wenn wir uns verlieben. Oder wenn wir von einer Idee elektrisiert sind, von einem Gedicht, dem Klang einer Melodie, der Schönheit einer Landschaft. Deshalb steht bei Rosa im Mittelpunkt seiner Überlegungen die Idee von Resonanz, »eine Form der Beziehung, des In-Beziehung-Tretens zu einem Anderen.«

Genau dieses In-Beziehung-Treten ist eines der Ziele vieler Meditationsprogramme. Die mentale Gesundheit und die sozialen Kompetenzen sollen verbessert werden: weniger Stress, mehr Verständnis für andere Menschen. Angesichts des derzeitigen Diskussionsstils und der Streitkultur täte so ein flächendeckendes Meditationstraining wahrscheinlich vielen ganz gut.

Den inneren Zustand der Ruhe, in dem man sich weder von Gedankenkarussellen vereinnahmen noch von Empörungswellen davontragen lässt, hat Matthieu Ricard in einem Gespräch mit dem renommierten Hirnforscher Wolf Singer, Tania Singers Vater, einmal anhand einer hübschen Geschichte illustriert: »Du kannst mit geistigen Störenfrieden umgehen wie die Adler, die ich von meiner Klause im Himalaja aus beobachte. Die Krähen attackieren sie oft, obwohl sie viel kleiner sind. Sie stürzen sich von oben auf die Adler und versuchen, sie mit dem Schnabel zu treffen. Die Adler jedoch werden keineswegs nervös oder starten irgendwelche akrobatischen Ausweichmanöver, sie legen lediglich im letzten Moment ihre Flügel an, lassen die Krähen vorbeischießen und breiten die Flügel wieder aus.«

Um herauszufinden, wie sich neben Achtsamkeit auch Mitgefühl und einfühlende Perspektivenübernahme am besten schulen lassen, haben Tania Singer und ihr Team für jeden dieser drei Bereiche ein Modul entwickelt. Gegenüber der Zeitschrift *Geo* erklärte Singer die Module folgendermaßen: »Präsenz« ziele auf Achtsamkeit, »Affekt« auf sozio-emotionale Kompetenzen wie Mitgefühl, Dankbarkeit und den Umgang mit schwierigen Emotionen, »Perspektive« auf sozio-kognitive Fähigkeiten wie sich in andere hineinzudenken. »Wir sprechen dabei von Perspektivenwechsel. Diese dreimonatigen Übungsblöcke wurden von unseren Studienteilnehmern in unterschiedlicher Reihenfolge absolviert. So konnten die Wissenschaftler die Wirkung der einzelnen Trainingsarten vergleichen – statt einfach pauschal zu behaupten, »Meditation hilft«.

Meditieren ist nicht gleich meditieren. Ähnlich wie es beim Sport darauf ankommt, welche Muskelpartien man mit welcher Intensität trainiert, entfalten auch die einzelnen Module jeweils andere Stärken und verbessern verschiedene Fähigkeiten selektiv. »In manchen Bereichen finden wir allerdings keine Unterschiede, etwa beim Körpergewahrsein. Das wird von Monat zu Monat besser, egal, was man gerade trainiert, denn jede Kontemplation fängt mit einer Besinnung auf den Körper an«, so Tania Singer.

Aufschlussreich ist, warum es unterschiedliche Übungen für Mitgefühl und Perspektivenübernahme gibt: »Unser Mitgefühl bezieht sich stark auf Menschen, die uns nahestehen, das hat sich evolutionär so entwickelt. In unserer globalisierten Welt müssen wir jedoch auch lernen, diejenigen zu akzeptieren und zu verstehen, die uns fremd sind, die andere religiöse oder politische Überzeugungen haben. Wir müssen also beides trainieren: mit dem Modul ›Affekt‹ unser Mitgefühl, mit dem Modul ›Perspektive‹ unsere Fähigkeit, uns in andere hineinzudenken – in der Psychologie ›Mentalisieren‹ oder ›Theory of Mind‹ genannt. Dabei sind im Gehirn weitgehend andere Areale aktiv als beim Mitgefühl.«

~~~
~~~

Im Jahr 2000 besuchte Matthieu Ricard Paul Ekman in dessen Labor in San Francisco, wo er gemeinsam mit einer anderen, wie er seit Jahrzehnten meditierenden Testperson an einem Versuch teilnahm. Den Probanden wurden Gesichter mit neutralem Ausdruck gezeigt – doch für eine Dreißigstelsekunde blitzte je ein Bild desselben Gesichts mit einer der folgenden Gefühlsregungen auf: Freude, Trauer, Wut, Überraschung, Angst, Abscheu. Solche für Laien kaum zu erkennenden Mikroausdrücke huschen im Alltag ständig über unser Gesicht, spontane Regungen, die unsere Gefühle unzensiert offenbaren – nur müsste man sie dafür eben lesen können. Matthieu Ricard und dem zweiten Probanden gelang dies grandios – sie schnitten sehr viel besser ab als Tausende Testpersonen vor ihnen. Ekman glaubt, dass die Fähigkeit zur Identifikation von Mikroausdrücken mit einer höheren Geschwindigkeit von Wahrnehmungsprozessen zusammenhängt oder mit einer besseren Vorstellung von den Emotionen anderer Menschen. Die Gabe, flüchtige Gesichtsausdrücke zu erkennen, so Ricard, stelle eine ungewöhnliche Fähigkeit zum Mitgefühl dar. Offenbar lässt sich das durch ein intensives Training des Geistes erstaunlich gut schulen. So gut, dass Ricard das Meditieren gar als

Schlüsselprozess für die Entwicklung und Verstärkung von Mitgefühl bezeichnet.

~~~

Die gute Nachricht lautet, dass man dafür nicht erst jahrelang intensiv meditieren oder in einem Kloster Abgeschiedenheit suchen muss. Nein, eine essenziell wahrnehmbare Veränderung erreicht man viel schneller. Nach jeder dreimonatigen Etappe durchleuchteten Tania Singer und ihr Team die Gehirne der Probanden, testeten ihr Verhalten und nahmen ihnen Blut ab. Dabei untersuchten sie unter anderem das Stresshormon Cortisol und bestimmte Hormonwerte, führten Interviews und machten eine Vielzahl weiterer Tests. So entstand ein gigantischer Datenschatz: »Wir konnten eindrucksvoll zeigen, dass die Großhirnrinde auch bei Anfängern bereits nach drei Monaten mentalen Trainings dicker wird – und zwar jeweils in den Arealen, die in dieser Zeit besonders oft aktiviert wurden«, so Tania Singer. Neben der Hirnplastizität hatte sich auch das Wohlbefinden verändert. Erstaunlich ist nämlich, dass sich zusammen mit der Konzentrationsfähigkeit auch das individuelle Vermögen zum Mitgefühl mit anderen
~~~

verbessert hat. Den Probanden fiel es außerdem wesentlich leichter, die Perspektive zu wechseln.

Um die Ergebnisse einordnen zu können, muss man wissen, dass sich jedes der drei Trainingsmodelle auf andere synaptische Verbindungen auswirkt, ähnlich wie man beim Sport gezielt durch spezifische Übungen die Bein- oder Rückenmuskulatur verbessern kann. »Wenn ich mich zum Beispiel jeden Tag innerlich auf Mitgefühl und Dankbarkeit ausrichte, dann verändert sich dadurch nicht nur mein Verhalten, sondern auch mein Gehirn, und zwar in Netzwerken, die diese sozio-emotionalen Prozesse verarbeiten. Während des Moduls ›Perspektive‹ wiederum verändern sich Regionen, die für die Perspektivenübernahme wichtig sind. Wir können also durch kurzes, aber tägliches mentales Training selektiv die ›Hardware‹ unseres sozialen Gehirns verändern.«

Wie sehen nun solche Übungen konkret aus? Nehmen wir die Partnerübung: Hier sitzen zwei Menschen einander zehn Minuten gegenüber oder telefonieren mit Hilfe einer App. Jeder darf fünf Minuten lang reden, während der andere empathisch mitfühlt, das heißt, sich in die Gedanken des anderen hineinversetzt. Im affektiv ausgerichteten Modus dieser Übung berichten die Teilnehmer von einer schwierigen Situation, die sie an dem Tag erlebt haben. Wie hat sich das körperlich angefühlt? Wurden die Hände feucht? Hatten sie Herzklopfen? Dann, als Kontrast, erzählen sie von einer Situation innerhalb der letzten vierundzwanzig Stunden, in der sie Dankbarkeit erlebt haben – und zählen die verschiedenen Reaktionen ihres Körpers auf. Danach ist der Partner, der zugehört hat, der Erzähler. Während der Studie wurde diese Übung drei Monate täglich absolviert, wobei jede Woche die Partner in der Versuchsgruppe wechselten. Singer war daran interessiert, ob eine standardisierte Zehn-Minuten-Interaktion dabei helfen kann, Verbundenheit mit anderen Menschen zu spüren. Die Auswertung der von den Teilnehmern ausgefüllten Fragebögen ergab »eine signifikante Steigerung des Nähegefühls«, das auch anhielt, als die Übung schon wieder vorüber war.

Bei diesen Ergebnissen denkt man als Laie natürlich enthusiastisch, dass man das Meditationsprogramm so schnell wie möglich zum festen Bestandteil des Lehrplans in Schulen machen müsste. Ist die Schulung in

Mitmenschlichkeit durch ein Training des Geistes nicht, zurückhaltend formuliert, mindestens genauso wichtig wie, sagen wir, der Matheunterricht? Oder Erdkunde? Sollten wir nicht von klein auf, besonders jetzt, da die Aufmerksamkeit durch ständig neue Reize schwindet, alles tun, um unsere Konzentration, anstatt sie weiter ausfransen zu lassen, zu stärken? Für andere? Wäre das, gesamtgesellschaftlich betrachtet, nicht ein echter Schritt nach vorne? An dieser Stelle bremst Tania Singer etwas. »Sicher lassen sich damit nicht grundlegende gesellschaftliche Probleme lösen.« Andererseits: »Ein solches mentales Mitgefühlstraining kann den Kreis derer, für die ich Mitgefühl und Verständnis empfinde, schon deutlich ausweiten. Es schult sozusagen die Basiskompetenzen, die jeder braucht, um ein verantwortlicher, toleranter Weltbürger zu werden.« Und damit wären wir wieder bei den Schulen: »Ich würde das Training vor allem präventiv einsetzen, etwa in Schulen. Ich könnte mir zum Beispiel vorstellen, dass solche Übungen gerade in Brennpunktschulen helfen könnten, wo viele Kulturen aufeinandertreffen und daher die Fähigkeit zum Perspektivenwechsel und dem gesunden Umgang mit Stress und schwierigen Emotionen sehr wichtig ist. Wenn dort die Kinder und Jugendlichen regelmäßig trainieren, dann hätte das sicherlich einen enormen Effekt, auch deswegen, weil Kindergehirne natürlich noch sehr viel plastischer sind als die von Erwachsenen.«

Im heimischen Kloster von Matthieu Ricard werden Kinder und junge Novizen zwar nicht direkt in Meditation unterwiesen, aber sie nehmen an langen Zeremonien im Tempel teil, die einer Gruppenmeditation ähneln. Entscheidend ist, dass währenddessen eine Atmosphäre von innerer Stille und emotionaler Ruhe herrscht. Ein erstrebenswerter Zustand – in den die meisten von uns wohl eher selten geraten. Was sind da, mit der Aussicht, einen geschärften, aufmerksameren Geist zu entwickeln, schon dreißig Minuten Meditation täglich? Die meisten Folgen von Netflix-Serien dauern länger.

»Wir haben zu stark nach außen geguckt und zu wenig nach innen«, sagt Tania Singer. Mit dieser Feststellung ist sie bekanntlich nicht alleine. In Zeiten der Ich-AG, die ohne ein gehöriges Maß an Selbstoptimierung, was Fitness, Aussehen, Ernährung, ja Performance überhaupt betrifft, nicht auskommt, schrumpfen die Kapazitäten für andere. Die, befeuert durch soziale Medien, immer intensiver um Selbstdarstellung kreisende Entwicklung spiegelt sich auch im Buchmarkt wider. Entlarvend ist schon ein kurzer Blick auf die Liste der Publikationen, die sich mit dem Phänomen des Ausdrucks – Mimik, Gestik, Körperhaltung, Stimme – beschäftigen, was dann so klingt: *Ich kam, ich sah, ich wirke! Mehr Charisma für mehr Erfolg, Charisma: Die Kunst, anziehend zu sein* oder: *Wie Sie andere dazu bringen, das zu tun, was Sie wollen.*

~~~

Anfang des Jahres war Einsamkeit plötzlich ein viel diskutiertes Thema, was unter anderem daran lag, dass es von der Premierministerin Theresa May in Großbritannien auf die politische Agenda gehoben wurde: in Form eines Einsamkeitsministeriums. Laut einer überparteilichen Studie fühlen sich neun Millionen Briten häufig oder immer einsam. Staatlicher Handlungsbedarf wird also gesehen, weil sich das bedrückende Gefühl, alleine zu sein, zu einer Volkskrankheit entwickelt hat.
~~~

Unlängst erzählte mir ein Freund von einem Bekannten, der ehrenamtlich bei der kirchlichen Telefonseelsorge arbeitet, der tagsüber und nachts Anrufe von schwermütigen, einsamen, verzweifelten Menschen entgegennimmt und deren seelisches Leid lindert. Der für Fremde da ist und zuhört. Ein Retter in der Not. Er sagt, der häufigste Grund für Seelenpein sei Einsamkeit. Mal ist der Mann gestorben, mal melden sich die am anderen Ende Deutschlands lebenden Kinder nicht; oft aber schmerzt die Ignoranz im Alltag, das Nebeneinanderherleben nicht nur in großen Wohnanlagen, dieses Desinteresse am anderen. Da ist zum Beispiel eine Frau am Apparat, die die verhasste, das Alleinsein nur noch schlimmer machende Sommersonne aus ihrer Wohnung verbannt, indem sie alle Vorhänge zuzieht. Oder der Mann, der seit Jahren in seinem Job gemobbt wird und keinen einzigen Verbündeten hat. Angst und Verzweiflung seien bei vielen unglaublich groß geworden, sagt der Seelsorger. Trotz all dem Frieden, all den Chancen, all dem Glück, von dem andauernd die Rede sei. Doch dieses Glück ist für die Hilfesuchenden dort, wo die anderen sind. Sie selbst sind leer ausgegangen. Die Anrufe, so der Telefonseelsorger, hätten in den vergangenen Jahren deutlich zugenommen.

Nun ist Einsamkeit alles andere als ein eindeutiger Begriff. Im Gegensatz zu hohem Blutdruck lässt sie sich nicht klar messen und noch weniger leicht behandeln. Es gibt so viele verschiedene Formen von Einsamkeit: Zu den bekanntesten Ausprägungen gehört die melancholische Einsamkeit, der sich in ihrer idealerweise schöpferischen Kraft durchaus etwas abgewinnen lässt. Kein Künstler, der sich nicht irgendwie einsam und verloren fühlt und dessen Werk nicht daraus entstanden wäre, sich mit seinem »Geworfensein« produktiv und kreativ auseinanderzusetzen.

Die existenzielle Form der Einsamkeit geht mit einem furchtbaren Gefühlsschmerz einher, dessen Grundton die Vorstellung von absoluter Unverbundenheit ist, die Angst, von allem und jedem fern zu sein. In Eugene O'Neills Familiendrama *Eines langen Tages Reise in die Nacht* ruft Edmund aus: »Ich bin allein. Fühle mich über allen und weit weg von allen. Es war ein großer Irrtum, dass ich als Mensch geboren wurde. Ich hätte mich besser zur Seemöwe geeignet oder zum Fisch.« Dieses Gefühl, aus der Welt zu sein statt in ihr, ist bedrückend und gefährlich. Die Vorstellung, dass es egal ist, ob man lebt oder nicht, dass niemand daran Anstoß nehmen würde, wenn es einen auf einmal nicht mehr gäbe. Und ja, natürlich, da ist auch noch die bittere Zweisam-einsam-Einsamkeit.

Ich sah einmal eine alte Frau, die einen Kinderwagen schob. Den Kopf leicht nach vorne gebeugt, flüsterte sie dem Kind darin etwas zu. Das Kind war eine Puppe. War die Frau verrückt? Mir schien sie eher unendlich einsam zu sein.

Vielleicht lässt sich der im Internet erschreckend ubiquitär ausgeschüttete Hass auch darauf zurückführen, dass das Versprechen einer globalen harmonischen Vernetzung nicht in der Weise aufgegangen ist, wie es einst die Internet-Enthusiasten der ersten Stunde prophezeit hatten. Das Netz führt paradoxerweise statt zu Vergemeinschaftung eher zu psychologischer Vereinzelung. Man ist zwar scheinbar mit vielen zusammen, aber in Wahrheit doch immer nur allein vor dem flimmernden Bildschirm. Hartmut Rosa spricht von gescheiterten Echo-Beziehungen. Unglücklicherweise will man den anderen gar nicht mehr hören, sondern lieber anschreien. »Der Wutschrei, der Empörungsschrei oder das höhnische Gelächter dominieren und untergraben diese Haltung von Hören und Antworten«, so Rosa. Auch das kann einen ziemlich einsam machen.

Brauchen wir also, wie Großbritannien, ein Einsamkeitsministerium? Ist das eine ernsthafte Option? Im Koalitionsvertrag, so Jens Jessen in der *Zeit*, finde sich ein Passus, der nahelegen könnte, nach englischem Vorbild einen Regierungsbeauftragten zu installieren, der sich um Einsamkeit und ihre Folgeschäden für die Gesellschaft kümmern solle. Union und SPD verpflichten sich dazu, »angesichts einer zunehmend individualisierten, mobilen und digitalen Gesellschaft Strategien und Konzepte zu entwickeln, die Einsamkeit in allen Altersgruppen vorbeugen und Vereinsamung bekämpfen.«

Es geht um sterbende Dörfer, Single-Haushalte, absurde Mieten und Altersarmut, die eine Teilhabe am gesellschaftlichen Leben verunmöglichen. Wer jeden Cent dreimal umdrehen muss, trinkt nicht spontan ein Glas Wein in geselliger Runde oder unternimmt einen Ausflug ins Grüne mit Bekannten. Das alles ist ein bekannter Teil der »Einsamkeitsproduktion«, und da hat Jessen ja leider recht, wenn er schreibt, dass die Politik hier auf die unbeabsichtigten Folgen ihres eigenen paradoxen Handelns stößt. Wer hat die Liegenschaften in den Innenstädten verhökert, anstatt auf eine sozial förderliche und begegnungsfreundliche Bebauung zu dringen? Wer hat die Verkehrsverbindungen auf dem Land radikal zusammengestrichen? Das sind erhebliche Schritte gewesen. Die größte Aussicht auf beruflichen Erfolg hat längst der flexible und mobile Arbeitnehmer. Derjenige, der ganz unabhängig davon, ob er nun Familie und Kinder hat, bereit ist, für die Karriere von heute auf morgen alles stehen und liegen zu lassen. Soziale Bindungen sind da nur ein Hindernis. Man kann das Miteinander von Menschen, was ein paar Rahmenbedingungen betrifft, in vielerlei Hinsicht fördern oder erschweren. Ein Einsamkeitsministerium wäre da, führt man sich vor Augen, woran es überall sonst so hapert, nicht mehr als Augenwischerei.

~~~

Eine Frau wird schwanger. Es ist ein Wunschkind. Die Erfüllung einer großen, langen Sehnsucht. Dann, in der dreizehnten Woche, die Diagnose: Trisomie 21, Downsyndrom. Es folgen weitere Diagnosen: Marja hat einen
~~~

komplexen Herzfehler und einen Wasserkopf. Dort, wo Gehirnmasse sein sollte, ist Flüssigkeit, viel Flüssigkeit, zu viel. Ein Arzt blickt auf das Röntgenbild und sagt: »Das ist Schrott.«

Die Frau steigt in ein Taxi, telefoniert mit einem Bekannten, er ist Unternehmensberater. In ihrem Bestseller *Das ganze Kind hat so viele Fehler* schreibt Sandra Schulz, sie wisse, was er gleich sagen werde. Sie wisse, er werde es hässlich sagen. Gleichzeitig ist ihr bewusst, dass es unzensierte Sätze sind, die sie selbst manchmal denkt. »Er sagt: ›Man wird das Kind nie fixen können. Klar ist eine Abtreibung schwer, aber du bist ja auch – Entschuldigung – gerade voller Hormone.‹« Der Taxifahrer hört ihre Sätze mit an. Sandra Schulz will zahlen, sucht nach Trinkgeld, kramt in ihrem Portemonnaie, der Taxifahrer winkt ab. Er schaut sie an, sucht nach Worten. »Deutsch ist eine Fremdsprache für ihn, er ist Chinese oder Vietnamese, um die sechzig Jahre alt. Er sagt: ›Ist egal, wie Kind aussieht. Geist ist vollkommen.‹ Ich weiß, was er meint, trotzdem sage ich: ›Nein, es wird geistig behindert sein.‹ Er schüttelt den Kopf. Er sagt: ›Im Inneren ist es vollkommen.‹ Er sagt: ›Kind ruft nach Liebe. Ruft Mama.‹«

Dieses Buch war gerade fertig geschrieben, da fragte mich ein Freund, ob sich, was das Mitgefühl betrifft, irgendetwas verändert habe in meinem Leben. Ich dachte darüber nach. Mir fiel ein verdrängtes Ereignis ein. Es war vor drei Jahren, als eine Kollegin in mein Büro geeilt kam und sagte, eine Freundin meiner Tante sei am Telefon, sie müsse mich dringend sprechen. Meine Tante lebte in Südfrankreich. Ich hatte versprochen, sie zu besuchen. »Im Frühling komme ich bestimmt«, hatte ich bei unserem letzten Telefonat gesagt. Der Frühling verstrich, der Sommer ebenso. Es würde ein nächster Frühling kommen, dachte ich, ein nächster Sommer. Gewiss. Ich sagte der Kollegin, die Dame solle später noch mal anrufen. Ich schrieb gerade irgendeinen Artikel und kam gar nicht auf die Idee, etwas Schlimmes könnte passiert sein. Augenblicksversagen nennt man das. Ich glaube, das würde mir heute nicht mehr passieren, weil ich genauer hinsehe, genauer hinhöre. Jedenfalls hoffe ich das. Die Freundin meiner Tante rief wieder an. Meine Tante war tot.

Niemand ist eine Insel, auch wenn man es manchmal vielleicht gerne wäre, das ist wohl ganz normal, aber es führt in die Isolation. Die Entscheidung, wer mit wem zu welchem Zeitpunkt mitfühlt oder sein Herz verschließt, trifft jeder einzelne von uns jeden Tag aufs Neue. Mitgefühl mag kein Allheilmittel für die drängenden Probleme unserer Gesellschaft sein, aber in unruhigen Zeiten wie diesen, in denen die rhetorische Aufrüstung und offensive Abgrenzung gegenüber allem Fremden Alltag geworden sind und Mindeststandards der Menschlichkeit in Frage gestellt werden, hilft es zumindest, den humanen Kompass auszurichten. Denn eines ist klar: Wer sich verschließt, der wird auch sich selbst nie kennenlernen.

Literaturverzeichnis

Belting, F. (2014), Faces, C.H.Beck, München.

Bloom, P. (2018), Against Empathy: The Case for Rational Compassion, Vintage, London.

Breithaupt, F. (2009), Kulturen der Empathie, Suhrkamp, Berlin.

Cole, J. (1999), Über das Gesicht, Verlag Antje Kunstmann, München.

Dahle, K.-P., Dölling, D., Kröber, H.-L., Leygraf, N., Saß, H., (Hg., 2017), Forensische Psychiatrie, Psychologie, Kriminologie, Springer, Berlin, Heidelberg.

De Waal, F. (2011), Das Prinzip Empathie: Was wir von der Natur für eine bessere Gesellschaft lernen können, Hanser, München.

Ekman, P. (2007), Gefühle lesen. Wie Sie Emotionen erkennen und richtig interpretieren, Spektrum Taschenbuch, München.

Enzensberger, H.M. (1994), Die große Wanderung. 33 Markierungen, Suhrkamp, Berlin.

Frevert, U. (2013), Vergängliche Gefühle, Wallstein, Göttingen.

Gruen, A. (2002), Der Fremde in uns, dtv, München.

Hacke, A. (2017), Über den Anstand in schwierigen Zeiten und die Frage, wie wir miteinander umgehen, Verlag Antje Kunstmann, München.

Heuser, U.W. (2017), Kapitalismus inklusive. So können wir den Kampf gegen die Populisten gewinnen, Edition Kröber, Hamburg.

Hickok, G. (2014), The Myth of Mirror Neurons: The Real Neuroscience of Communication and Cognition, Norton, New York.

Kermani, N. (2018), Entlang den Gräbern, C.H. Beck, München.

Pidertit, T. (1919), Mimik und Physiognomik, VDM, Saarbrücken.

Ritter, H. (2013), Die Schreie der Verwundeten, C.H. Beck, München.

Rosa, H. (2005), Beschleunigung, Die Veränderungen der Zeitstruktur in der Moderne, Suhrkamp, Berlin.

Sapolsky, R. (2017), Gewalt und Mitgefühl. Die Biologie des menschlichen Verhaltens, Hanser, München.

Sartre, J.P. (1991), Der Blick. Ein Kapitel aus das Sein und das Nichts, Rowohlt, Reinbek.

Schulz, S. (2017), Das ganze Kind hat so viele Fehler, Rowohlt, Reinbek.

Singer, W., Ricard, M. (2017), Jenseits des Selbst, Dialoge zwischen einem Hirnforscher und einem buddhistischen Mönch, Suhrkamp, Berlin.

Sontag, S. (2005), Das Leiden anderer betrachten, Hanser, München.

Weigel, S. (Hg., 2017), Das Gesicht, Wallstein Verlag, Göttingen.